DOR

도어는 시티 큐레이션 매거진입니다. 매 호, 한 도시를 선정해
도시에 사는 사람들의 삶과 그들이 지닌 문화, 생활 속 가치를
세 가지 키워드로 풀어냅니다.

DOR is a city curation magazine. With every issue, we select
one city in the world and talk about its people, culture, as
well as its lifestyle and values.

DOR

to Taipei

Contents

Taipei

Frame and Flow

Photographer

Oh Jinhyeok

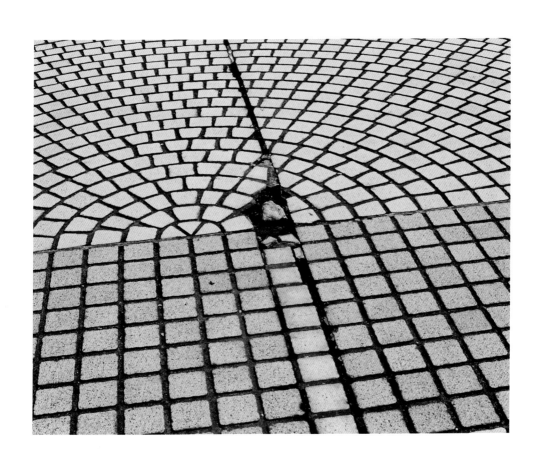

Film

Wu Fang Yu

Administration Director at SPOT Taipei

우팡위, 스팟 타이베이 행정 총감

Editor **Kim Hyewon**
Photographer **Oh Jinhyeok**

스팟 타이베이光點台北SPOT Taipei는 타이베이 중산구에 위치했다. 미국대사관저로 사용되던 곳을 보수해 2002년 영화관, 갤러리, 카페, 디자인 숍 등을 갖춘 복합 문화 공간으로 문을 열었다. 예술 영화를 상영하는 시네마테크의 역할을 수행하는 동시에 시민들의 모임과 여가를 위한 공간으로도 활용된다. 〈비정성시〉, 〈자객 섭은닝〉 등으로 알려진 대만의 거장 허우 샤오시엔侯孝賢 감독이 대표로 있는 공간으로, 세계 각국에서 온 영화 팬들이 이곳을 찾는다.

우리의 계획은 영화관이 중심이 되는 문화 공간을 만드는 거였어요.

대사의 응접실로 사용되던 방은 정원과 가까워 카페로 개조하기에 적합했죠.
영화를 본 뒤 커피를 마시며 영화에 대해 생각할 수 있는 공간을 만들고자 했고요.

스팟 타이베이는 대만, 중국, 홍콩에서
가장 긴 역사를 지닌 영화 예술 복합 문화 공간이에요.

지금도 영화로 외교하며 시민들에게는 자유롭고
편안한 곳이 될 수 있도록 노력하고 있어요.

스팟 타이베이에서 어떤 일을 하고 있나요?

저는 이곳의 행정 총감이에요. 방금 둘러본 카페, 숍, 영화관을 포함한 모든 구역을 관리하죠. 2002년부터 대만문화영화협회에서 일을 하기 시작했는데 당시에는 이곳과 관련된 일을 하지 않았어요. 2008년부터 스팟 타이베이에서 일했죠.

이곳은 어떻게 만들어지게 되었나요?

이 건물은 타이베이 시정부 문화국 소유이고 1926년 일제강점기에 지어진 고적이에요. 중화민국과 미국이 수교를 했을 땐 미국대사관저로 사용된 곳이죠. 수교가 끊긴 이후에는 오랫동안 버려진 건물이었어요. 타이베이 시정부 문화국 국장(장관)이었던 룽잉타이龍應台 여사가 취임 후 대만과 중국, 홍콩에 영화를 주제로 한 관광지가 없다는 것을 알고 이곳을 개발하기 시작했죠. 그리고 허우 샤오시엔 감독님을 초청해 이곳의 기획을 부탁했어요. 결과적으로 저희가 소속되어 있는 대만영화문화협회가 설립됐고, 허우 감독님이 이사장으로 취임했어요. 2002년 문을 열었을 당시 타이베이에는 대만 영화를 상영하는 곳이 부족했기 때문에 스팟 타이베이의 취지는 대만 영화를 상영하는 것이었고요.

대만 영화에 초점을 맞춘 공간이었군요.

우리 임무는 '영화 예술 홍보', '예술 교육 보급화', '예술 문화 공간 제공', 이 세 가지예요. 그중 대만 영화를 홍보하는

것이 가장 중요한 임무이고요. 하지만 대만 영화만 상영하기엔 그 수가 부족해, 할리우드 영화를 제외한 해외 예술 영화도 함께 상영하기 시작한 거죠.

주로 어떤 영화가 상영되나요?

큰 제작비가 투자된 영화는 상영하지 않아요. 이곳의 철학은 다양한 영화, 상대적으로 관심을 덜 받는 영화를 상영하는 거예요. 만약 타이베이의 모든 영화관에서 할리우드 영화를 상영하지 않는다면, 그때부터 스팟 타이베이에서 할리우드 영화를 상영하겠죠?

허우 감독님은 스팟 타이베이에서 어떤 역할을 맡고 있나요?

이사장이기 때문에 매일 출근하지는 않지만 자주 이곳에 와서 인터뷰를 진행하시죠. 영화 촬영을 위한 배우, 작가와의 미팅도 여기에서 합니다. 이런 부분이 일반 영화관과 스팟 타이베이의 차이점이라고 할 수도 있겠네요(웃음).

현재 타이베이의 시네마테크 역할을 하고 있는데요, 이곳이 생기기 전에는 어디에서 이러한 예술 영화를 즐겼는지 궁금해요.

대부분 금마영전金馬影展(숭국어권 영화제도시 가장 유명한 대만 영화제)을 통해 예술 영화를 관람했어요. 이를 전문으로 하는 영화관이 있지는 않았고요.

화산1914 창의문화원구華山1914創意文化園區에 있는 스팟도 협회에서 운영하나요?

네. 그곳은 스팟 화산光點華山으로, 스팟 타이베이의 자매 영화관이에요. 상영관이 두 개라 'A One', 'A Two'로 명명했는데 양더창楊德昌(에드워드 양Edward Yang) 감독님의 〈하나 그리고 둘〉에서 따온 거예요. 허우 감독님의 대만영화문화협회에서 운영하기 때문에 영화를 선택하는 기준 역시 스팟 타이베이와 같아요.

스팟 타이베이의 공간들에 대해 설명해줄 수 있나요? 처음 왔을 때 영화관만 있는 게 아니라 카페와 숍, 갤러리가 함께 있어서 좋았어요.

먼저, 80석 규모의 상영관이 하나 있어요. 하루에 여섯 번 영화를 상영하죠. 카페는 스팟 커피시광光點珈琲時光(Café Lumière)이라고 불러요. 허우 감독님의 영화 제목에서 따온 이름이에요. 그리고 영화 DVD와 서적, 음반 등을 구매할 수 있는 디자인 숍 스팟 생활光點生活이 있고요. 세계 각국의 영화 팬들이 이곳을 찾기 때문에 대만 출신 감독들의 DVD

와 대만에서 만들어진 디자인 상품을 판매하고 있죠. 디자인 상품 판매를 통해 문화 예술 작품을 교류하는 플랫폼 역할을 한다고 볼 수도 있어요. 마지막으로 작은 전시 공간인 회랑廻廊이 있어요. 영화와 관련된 전시를 기획하기도 하고, 학교나 예술 관련 단체에 이 공간을 대여하기도 해요.

이렇게 공간을 구성한 특별한 이유가 있나요?
우리의 계획은 영화관이 중심이 되는 문화 공간을 만드는 거였어요. 대사의 응접실로 사용되던 유리창으로 둘러싸인 방은 정원과 가까워 카페로 개조하기에 적합했죠. 영화를 본 뒤 카페에 앉아 커피를 마시며 영화에 대해 생각할 수 있는 공간을 만들고자 했고요. 스팟 타이베이는 양안삼지兩岸三地(대만, 중국, 홍콩)에서 가장 긴 역사를 지닌 영화 예술 복합 문화 공간이에요. 지금도 영화로 외교하며 시민들에게는 자유롭고 편안한 곳이 될 수 있도록 노력하고 있어요.

다양한 연령대가 이곳을 찾는 게 인상적이었어요.
특히 영화관을 방문하는 관람객들의 연령대가 조금 높은 편이에요. 영화를 진심으로 사랑하는 마음으로 혼자 방문하는 분들도 많죠.

영화적으로 중요한 장소에서 일하고 있는데, 당신도 영화를 원래 좋아했나요?
당연하죠. 저는 원래 감독이 되고 싶었어요. 대학교에서는 프랑스어를 전공했지만 영화감독이 꿈이었죠. 다큐멘터리를 촬영한 적도 있어요. 하지만 차츰 영화를 보는 것이 저에게 더 잘 맞고 행복한 일이라고 느꼈죠. 영화관에서 일하는 것이 세상에서 제일 행복한 직업인 것 같아요(웃음).

좋아하는 대만 영화나 감독이 있다면 추천해주세요.
어렸을 땐 〈애정만세〉와 그 영화를 연출한 차이밍량蔡明亮 감독을 좋아했어요. 하지만 당신이 〈애정만세〉를 보고 저와 같은 생각을 갖는 건 조금 힘들 수도 있어요. 이 영화는 사람과 사람 사이의 고독과 냉정을 다뤄요. 보고 나면 조금 우울해지기 때문에 당시 많은 이들에게 사랑받지는 못했거든요. 그런데 오히려 저에겐 그런 현실적인 표현들이 잘 와 닿았고 좋았어요.

신인 감독 중 추천하는 감독이 있다면요?
〈대불+〉의 후앙신야오黃信堯 감독을 추천하고 싶어요. 〈대불+〉는 대만의 특색을 잘 살린 영화고, 대만 특유의 방언을 사용해요. 이번 타이베이 영화제에서 주요 상을 다 받았어

요. 대만에서 보기 드문 유머러스한 감독이에요.

영화는 환경의 영향을 많이 받는 장르 중 하나가 아닐까 해요. 영화가 제작되는 데 타이베이라는 도시가 어떤 영향, 혹은 영감을 준다고 생각하나요?
타이베이는 문화적으로 다양하고 개방적이고 그리고 친절한 도시라고 생각해요. 이번 금마영전으로 타이베이를 찾은 외국인들과 이야기를 나눠보면, 모두 타이베이의 자유로움을 부러워해요. 그 자유로움이라는 건, 대만 사람들이 전반적으로 상대방을 평가하거나 비난하지 않기 때문에 자유롭게 자신을 표현할 수 있다는 거예요. 자유로움은 개인으로 느낄 수도 있고 대만의 정치계를 봐도 알 수 있어요. 지난해 당선된 차이잉원蔡英文 총통은 여성이지만 누구의 딸도, 와이프도 아니에요. 어떠한 정치적 신분도 없는 사람이 총통으로 당선되었다는 사실만 보아도 대만의 전체적인 문화와 분위기를 알 수 있죠.

대만 영화에 관심이 있는 여행자에게 추천하고 싶은 장소가 있을까요?
먼저 스팟 타이베이[1]를 추천하고 싶어요(웃음). 그리고 다다오청大稻埕[2]을 추천해요. 그곳에서 많은 영화가 제작되었고 여러 고적이 레스토랑이나 카페로 개조되어 대만 문화를 느끼며 시간을 보낼 수 있어요.

스팟 타이베이에서 일을 시작하고 나서 기억에 남는 순간은 언제였나요?

제일 기억에 남는 일은 허우 감독님이 남자 화장실 바닥을 닦는 모습을 본 순간이었어요. 서류에 사인을 받기 위해 화장실에 간 감독님을 잠깐 기다리고 있었는데, 감독님이 나오지 않는 거예요. 다른 직원을 불러 살펴봐달라 부탁했죠. 허우 감독님은 세계적으로 유명한 감독이지만, 개인적으로는 굉장히 따뜻하고 좋은 분이에요. 스팟 타이베이의 남자 화장실 바닥에 물이 있는 것을 보고 누가 넘어질까 다른 직원을 부르지 않고 바로 닦았어요. 여기서 조심스럽게 말씀드리고 싶은 건, 스팟 타이베이에서 영화를 보는 것은 정말 행복한 일이라는 거예요(웃음). 허우 감독님이 이렇게 작은 부분에서도 방문객들을 위하고 배려하기 때문이죠.

스팟 타이베이를 방문하기 좋은 계절이나 시간이 있을까요?

저는 가을, 정원에 있는 것을 제일 좋아해요. 붐비지 않는 아침 10시나 11시쯤요.

그때 테이블 위에는 어떤 메뉴가 있으면 좋을까요?

제가 작은 비밀 하나를 알려드릴게요. 많은 분이 저에게 허우 감독님이 여기에서 어떤 음료를 마시느냐고 물어봐요. 감독님은 따뜻한 아메리카노를 드세요. 설탕도 넣고요.

1) 스팟 타이베이 光點台北 SPOT Taipei
No. 58, Lane 233, Section 1, Dunhua South Road,
Da'an District, Taipei City

2) 다다오청 大稻埕 Datong District
Datong District, Taipei

Wu Fang Yu
Administration Director at SPOT Taipei

Located in the Zhongshan district, SPOT Taipei is a film-focused cultural complex headed by director Hou Hsiao Hsien(侯孝賢). Once home to the U.S. Embassy, the space has been open to the public for gatherings and film screenings since 2002.

What is your role at SPOT Taipei?
I am an administration director. I oversee all the facilities like the café, the shops and the movie theater. Previously, I worked for the Taiwan Film & Culture Association and it was not until 2008 that I started working at SPOT Taipei.

How did SPOT Taipei get its start?
This building is a historic site originally built in 1926 during the Japanese colonial era. Currently owned by the Department of Cultural Affairs of Taipei City Government, it was previously used as a residence for the U.S. Ambassador. When diplomatic ties were broken, it was left abandoned for quite some time. Lung Ying Tai(龍應台), then Culture Minister at the Taipei City Government, realized that there were no institutions promoting Taiwanese film culture in East Asia and decided to dedicate that site for that very purpose. She invited the filmmaker Hou Hsiao Hsien and asked him to lead the project. As a result, the Taiwan Film & Culture Association was formed and Mr. Hou was elected Chairman of the Association. When SPOT Taipei opened in 2002, there were few theaters that screened Taiwanese films and our theater aimed to do that.

So was the focus on Taiwanese films from the beginning?
Our three missions are to promote cinematographic arts, to make art education more accessible and to provide a venue for arts and cultural events. Of these, promoting Taiwanese films is the most important. In the beginning, there were only a limited number of Taiwanese films so we included art films from overseas, except for those from Hollywood.

What kind of films do you normally screen?
We tend to play small-scale films. To Mr. Hou, SPOT Taipei is a place for diverse genres that did not get enough public attention. That said, if all movie theaters in Taipei were to stop screening Hollywood films, we would play them here.

What's Mr. Hou's role here?
Since he is the Chairman, he does not come to work every day. Still, he has many interviews here and he comes here when he meets with actors or writers for his shoots. His presence here is probably what differentiates us from other theaters(laughs).

Before SPOT Taipei, where did people go to enjoy art films?
Previously, there weren't any theaters dedicated to art films. If someone wanted to watch an art film, they would have to attend The Taipei Golden Horse Film Festival [the most renowned Chinese-language film festival] which only happens once a year.

Is the SPOT in Huashan 1914 Creative Park(華山1914創意文化園區) run by the same association?
Yes, the two are sister theaters. Since they have two screening rooms, we named them A One and A Two, which was inspired by the Edward Yang's film "A One and a Two." As Mr. Hou is presiding over the association, the two theaters adhere to the same criteria when it comes to film programming.

Tell us more about this space. When I first visited SPOT Taipei, I liked the fact that it was more than just a movie theater.
Well, our theater has 80 seats and it screens six films a day. As for the café, it is called Café Lumière(光點珈琲時光) and is named after one of Mr. Hou's films. We also have a design shop called SPOT Living(光點生活) which sells design products made in Taiwan and DVDs of Taiwanese films. Lastly, we have a small gallery. At the gallery, we put on film-related exhibitions or rent the space out to schools and art-related groups.

What was the purpose for all the additional facilities?
Our goal was to create a cultural complex with a movie theater at its heart. We wanted to set up a space where people can discuss the movie they just watched over a cup of coffee. We chose what used to be a guestroom to be renovated into a café for its tall glass windows overlooking the garden. Since opening, SPOT Taipei has become a film-focused cultural complex with the longest history across Taiwan, Hong Kong and mainland China. We continue to work hard to provide people with a free-spirited arts center while also promoting cultural diplomacy.

It was interesting to see visitors from a wide range of age groups here.
Actually, the visitors to SPOT Taipei Theater are relatively older. Many movie lovers come here alone to appreciate films, not just to socialize.

You are working at a place of great importance in cinema. Are you a film lover yourself?
Yes, of course. I wanted to become a filmmaker. Even though I studied French in college, I dreamt of becoming a director. I even made a documentary film. However, over time, I realized that I enjoy being a moviegoer more. To me, working at a movie theater is the best job in the world(laughs).

Your favorite Taiwanese film or director?

When I was little, I loved "Vive L'Amour" and the director Tsai Ming Liang(蔡明亮) who made the film. You may find it hard to love the film if you're watching it for the first time. The movie deals with loneliness and indifference among people. It did not get such great reviews back then since the film was quite depressing. Ironically, it was the reality of the film that really resonated with me.

Any favorite up-and-coming filmmakers?

I recommend director Huang Hsin Yao(黄信堯) of the movie "The Great Buddha+(大佛普拉斯)." The film accurately portrayed the unique character of Taiwan and made good use of Taiwan's regional dialect. It swept up all the major awards at this year's Taipei Film Festival. He is a witty director – a rarity in Taiwan's movie industry.

I think film is one of the many art forms heavily influenced by its surroundings. How do you think the city of Taipei has impacted or inspired the films produced here?

Culturally speaking, Taipei is diverse, open, and kind. I had a chance to talk to some foreign tourists who visited Taipei for this year's Golden Horse Film Festival and they all admired the free-spirited nature of the city. The free-spirited nature has its roots in an environment in which Taiwanese people can express themselves without fear of judgment. This attitude can be found both at an individual level and a social level. Take political circles in Taiwan. For instance, President Tsai Ing Wen(蔡英文), who won the election last year had no political connections. She is an ordinary woman, not the daughter or wife of a person with power. Consider how such a person can be elected president and you can get a sense of Taiwan's culture and social environment.

Is there any place you would like to recommend to tourists who are interested in Taiwanese films?

Above all, I highly recommend you to visiting SPOT Taipei(laughs). Also, the Datong district(大稻埕). Scores of films were shot there and you can immerse yourself in Taiwanese culture by spending time at restaurants and cafés that were once historic relics.

What moments stand out in your memory since starting this position?

That would be when I witnessed Mr. Hou sweeping the floor in a men's bathroom. I was waiting for him while he was in bathroom because I had a paper that needed to be signed by him. As he was taking way longer than I expected, I asked another staff member to go check on him. Although his fame might lead some to believe he's cold and cold, he is actually very warm and kind. It turns out Mr. Hou had found some spilt water on the bathroom floor and cleaned it up by on his own so that people would not slip.

Please tell us the best season and time to visit SPOT Taipei.

The garden in the autumn is my favorite. It is quite peaceful between 10 a.m. and 11 a.m.

What's the best item on the menu?

Many have asked me what Mr. Hou drinks here(laughs). He drinks a cup of hot Americano with some sugar in it.

Huang Xi

Film Director

후양시, 영화감독

Editor **Kim Hyewon**
Photographer **Oh Jinhyeok**

후앙시는 타이베이 출신의 영화감독이다. 뉴욕대학교 티시예술학교New York University Tisch School of the Arts에서 영화를 전공했으며, 허우 샤오시엔 감독의 두 편의 영화〈남국재건〉(1996)과 〈자객 섭은낭〉(2015))에 연출부로 참여했다. 〈조니를 찾아서〉는 후앙시의 연출 데뷔작으로, 대만에서 2017년 12월 15일 개봉했다.

처음에는 타이베이의 대중교통에 관한 이야기를 쓰고 싶었어요.

타이베이와 같은 대도시에 존재하는 대중교통이
사람과 사람 사이의 관계에 큰 영향을 미쳤다고 생각하기 때문이죠.

도시에 사는 사람들은 매일 끊임없이 움직여야 해요. 대중교통은 서로 전혀
알지 못하는 사람들을 특정한 시각, 같은 공간에 몰아넣고 어디론가 이동시키죠.

모두 각자의 길을 가는 것이지만 서로의 여정을 함께하는 것 같다는 생각이 들었어요.

감독님의 연출 데뷔작 〈조니를 찾아서〉는 어떤 영화인가요?
〈조니를 찾아서〉는 타이베이에 사는 세 사람의 일상을 다룬 영화예요. 굉장한 드라마가 있는 영화는 아니고요, 홍콩에서 온 앵무새를 키우는 여성 한 명과 두 명의 남성이 등장해요. '조니'라는 캐릭터는 영화에 등장하지 않지만 다양한 인물이 여주인공의 휴대폰으로 전화를 걸어 '조니'라는 사람을 찾으며 이야기가 펼쳐져요.

각본도 직접 썼어요. 어떤 이야기를 하고 싶었나요?
처음에는 타이베이의 대중교통에 관한 이야기를 쓰고 싶었어요. 타이베이와 같은 대도시에 존재하는 대중교통이 사람과 사람 사이의 관계에 큰 영향을 미쳤다고 생각하기 때문이죠. 대부분의 사람이 도시 사람들은 감정이 없고 차갑다고 생각해요. 하지만 제 눈에는 도시 사람들이 참 많은 감정을 지닌 것처럼 보여요. 다만 대중교통이라는 작은 공간에 많은 사람을 몰아넣어서 감정 표현을 하지 못하게 억제한 것이죠. 그런 현상을 보면서 더 넓게는 인간관계에 관한 이야기를 쓰고 싶었어요.

대중교통의 영향에 대해 조금 더 설명해줄 수 있나요? 다른 이야기지만, 개인적으로 타이베이의 지하철에서는 물조차 마시면 안 된다는 게 좀 의아했어요.
도시에 사는 사람들은 매일 끊임없이 움직여야 해요. 지하철과 버스, 심지어 비행기까지. 이런 대중교통은 서로 전혀 알지 못하는 사람들을 특정한 시각, 같은 공간에 몰아넣고 어디론가 이동시키죠. 모두 각자의 길을 가는 것이지만 서로의 여정을 함께하는 것 같다는 생각도 들었어요. 그리고 제가

알기론 페트병에 담긴 물은 가능해요(웃음).

한번도 등장하지 않는 '조니'가 영화의 제목이 된 이유가 궁금해요. 세 인물이 찾아다니는 것도 조니가 아니라 앵무새잖아요.
사실 이 이야기는 제 친구의 경험에서 아이디어를 얻은 거예요. 친구가 전화번호를 바꿨는데 모르는 사람이 계속 전화해 '조니'라는 사람을 찾는다는 이야기였죠. 이 이야기에 굉장한 흥미를 느꼈어요. 조니가 누굴까 계속 생각했죠. 조니는 영화를 관통하는 이름이지만 영화에는 등장하지 않아요. 저도 끝내 조니를 찾지 못했고요.

여주인공의 반려동물로 앵무새를 선택한 이유가 있나요?
먼저 여주인공의 성격과 배경을 알아볼 필요가 있어요. 여주인공은 홍콩과 타이베이를 수시로 오가요. 그녀에게 타이베이는 임시 거처인 거예요. 새로운 인연을 맺기 힘들죠. 혼자 외로울 것 같았어요. 동물을 키우는 캐릭터로 만들고 싶었죠. 또한 그녀는 성격이 굉장히 급한 사람이에요. 많은 보살핌이 필요한 동물보다 '자유로움'을 뜻하는 새를 키우기로 했어요. 그리고 검소한 성격이 아니기 때문에 화려한 새를 원할 거라고 생각했죠. 그래서 새 중에서도 앵무새를 선택한 거예요.

앵무새는 주인공들의 연결고리이기도 하죠. 감독님의 말대로 '자유로움'을 뜻하는 새가 이들의 매개체인 것이, 이들이 느끼는 현실에 대한 무력감이나 도시 생활의 답답함 때문일까요?

현실에 대한 무력감보다는, 일상에서 반복되는 사소한 일들이 만든 울타리에 구속된 거 같다고 느껴요. 이러한 작은 울타리를 사람들은 종종 벗어나고 싶어 하죠.

여주인공이 홍콩에서 왔다는 설정은 해외에서 생활한 감독님의 경험이 반영된 건가요?
이 영화는 저의 해외 생활 경험보다 타이베이에서 생활하며 느낀 점이 더 많이 반영됐어요.

타이베이에서 생활하는 게 외롭나요?
요즘에는 많은 사람과 바쁘게 지내다 보니 외롭다는 느낌은 들지 않네요(웃음).

〈조니를 찾아서〉는 얼마 동안 촬영했나요?
작년 6월 말에 시작해서 28일 동안 촬영했어요. 보통 두 달 동안 영화를 촬영하는데, 저는 28일 안에 촬영을 끝내다 보니 많은 일을 압축해서 빠르게 진행해야 했던 기억이 있어요. 배우들이 촬영에 적응하니 이미 촬영 마지막 주였던 게 가장 아쉬웠어요.

촬영에 몰입하게 하기 위해 배우들에게는 어떤 이야기를 해주었나요?
각각의 캐릭터가 살거나 자주 찾는 곳에 가보라고 말했어요. 장소에 충분히 익숙해져야 자연스러운 연기가 나온다고 생각하거든요.

음악에 대해서도 물어보고 싶어요. 많은 대만 영화의 음악을 담당한 린창林強과 함께했어요.
처음에는 가벼운 재즈 음악으로 노선을 정했어요. 하지만 첫 주의 스크립트를 보니 전체적으로 스타일이 조금 바뀐 것 같더라고요. 촬영을 하다 보면 어떤 때는 확연히 다른 모습이 보이기도 했고, 영상을 편집한 후에는 전체적인 분위기가 다소 무겁다고 느꼈죠. 영화를 보면, 겉으로 보기에는 정서적으로 잔잔해 보이지만 느껴지는 감정은 사실 매우 무겁고 진해요. 그래서 음악 스타일을 재즈에서 전자음악으로 바꿨어요. 그리고 아시다시피 전자음악에는 린창 감독님이 단연 적임자예요. 그래서 함께할 수 있는지 문의하면서 영화의 최초 편집본을 보내드렸고, 다행히 저의 제안을 받아들이신 거죠.

그와의 작업은 어땠나요?
감독님과 함께 음악을 만드는 일은 굉장히 재미있는 과정이

었어요. 촬영이 끝나고 함께 음악 믹싱 작업을 했는데 논의할 내용이 많지 않았어요. 일주일 만에 음악을 완성했고 사운드 엔지니어와 함께 논의하며 수정했어요. 전자음악의 특성상 영화에 음악을 넣는 작업은 조심스럽게 진행해야 해요. 일반 관객들은 느낄 수 없는 사소한 디테일, 소리의 비율과 강도를 세세하게 조정해야 하죠. 세 사람의 의견을 하나로 모아야 하는 일이에요. 하지만 많은 부분에서 서로의 의견이 일치했기 때문에 일주일이라는 굉장히 빠른 시간 내에 작업을 끝낼 수 있었어요. 셋의 협업은 처음이었는데 서로 잘 통했던 것 같아요.

허우 샤오시엔 감독님이 〈조니를 찾아서〉의 프로듀서로 참여했어요. 영화를 만드는 과정에서 허우 감독님은 어떤 조언을 해주었나요?
일단 제가 처음 두 개의 각본을 들고 허우 감독님을 찾아갔는데 감독님께서 〈조니를 찾아서〉의 각본을 선택하셨죠. 〈조니를 찾아서〉를 만드는 과정은, 제가 결정을 하고 결과를 감독님께 알려드리는 형식이었어요. 배우는 이 배우를 선택했습니다, 하는 식으로요. 영화를 촬영하는 과정에서 어떤 영향을 줬다기보다 평소에 나누는 대화를 통해 제 개인적인 성격과 감독으로서의 성격에 많은 영향을 주셨죠.

허우 감독님의 연출부로 일할 당시 배운 부분이 있다면요?
대학에 다니면서 허우 감독님의 연출부로 일할 때, 처음엔 감독님이 무엇을 하는지 전혀 알지 못했어요. 옆에서 같이 일하고 있었지만 감독님이 어떻게 촬영지를 선택하는지, 어떻게 배우를 대하는지 이해하지 못했죠. 몇 년 동안 함께 일하다가 제가 대만 영화계를 떠났고 나이가 들어 다시 돌아왔을 때, 그제야 감독님의 생각이 이해됐어요. 그때 배운 것들을 〈조니를 찾아서〉를 촬영하며 많이 활용했죠.

허우 감독님과의 인연은 어떻게 시작된 건지 궁금해요.
허우 감독님과 저의 인연은 제가 고등학생 때 시작됐어요. 당시 저는 해외에 있었지만 방학 때마다 대만으로 돌아와 영화 촬영지를 찾아갔어요. 그곳에서 감독님이 촬영하는 모습을 관찰했죠. 촬영지에서 많이 마주치다 보니 자연스럽게 알게 된 것 같아요.

원래 영화감독이 꿈이었나요?
초등학생 때부터 오디오 녹음에 관심이 많았어요. 그리고 제가 중학생 때쯤 비디오 촬영이 보편화되면서 당시 혼자 영상을 촬영해보기도 하며 감독의 꿈을 키웠죠. 하지만 정말 감

독이 될 거라는 생각은 못 했어요. 작가, 사운드 엔지니어, 심지어 프로듀서도 생각했었죠(웃음).

어렸을 때 타이베이를 떠났다고 들었어요. 감독님에게 타이베이는 어떤 도시인가요?

저는 중학교는 싱가포르에서, 고등학교는 밴쿠버에서, 대학은 뉴욕에서 다녔어요. 초등학교를 졸업하자마자 대만을 떠나서인지 사춘기 시절에는 고향이라는 개념에 대해 많이 생각했죠. '지금 내가 살고 있는 도시가 내 고향인가?' 하는 고민요. 하지만 이런 생활에 적응하고 성인이 되니 고향을 찾고 싶은 마음도 줄어들고 타이베이에 대한 그리움도 많이 줄더라고요.

그럼에도 타이베이로 돌아온 이유가 있나요?

외할머니가 타이베이에 계셔서 돌아오게 됐어요.

돌아올 때 어떤 목표나 포부가 있었나요?

타이베이에 막 돌아왔을 때는 아직 젊었고 영화를 제작하는 데에 욕심이 많았어요. 인간의 본성과 철학을 담은 이야기를 만들고 싶었죠 영화와 관련된 일을 잠깐 접었지만, 결국 다시 이야기를 하게 됐네요.

타이베이를 다니며 만난 여러 사람이 타이베이를 자유로운 도시라고 말했어요. 이에 대한 감독님의 생각이 궁금해요.

자유 뒤에는 여러 구속이 존재해요. 인생과 비슷하죠. 어떠한 규범 안에서 누리는 자유라고 말할 수 있겠네요.

타이베이라는 도시를 가장 잘 느낄 수 있는 지역이 있다면 어디일까요?

제 생각에는 고정구古亭區[1] 같아요. 타이베이의 발전은 이곳부터 시작됐어요. 오래된 사원이 매우 많아요. 이곳에 살던 원주민들은 외부에서 침략자들이 공격을 해오면 사원에 있는 북을 쳐 알렸다고 해요. 그 북이 아직 보존되어 있어요. 이런 역사를 갖고 있어서 타이베이의 색을 가장 잘 표현한 동네가 아닐까 해요. 타이베이의 옛 모습을 보고 싶다면 1985년작 영화 〈타이페이 스토리〉를 봐도 좋아요.

타이베이로 여행을 오는 사람들에게 감독님이 좋아하는 장소를 추천한다면요?

타이베이의 장소보다는 음식을 추천하고 싶어요. 특히 야시장에서 파는 잡채 볶음이나 오징어 튀김, 해산물과 함께 맥주를 마시는 거요. 음식을 맛보고 즐기는 것도 좋고 야시장을 찾는 사람들을 보며 영감을 받을 수도 있어요.

이제 첫 영화를 내놨어요. 앞으로 감독님의 목표는 무엇인가요?

제 인생을 사는 게 목표예요. 그리고 계속 이야기를 만들고 사람들과 공유하고 싶어요.

[1] 고정구 古亭區 Zhongzheng District
Zhongzheng District, Taipei City

Huang Xi
Film Director

Huang Xi is a film director from Taipei, Taiwan. She studied film at New York University's Tisch School of the Arts and participated in the making of "Goodbye South, Goodbye"(1996) and "The Assassin"(2015), both by Hou Hsiao Hsien. Huang Xi's debut feature "Missing Johnny" was released on December 15th of last year in Taiwan.

Tell us about your debut film "Missing Johnny."
"Missing Johnny" is a story about the mundane lives of three people living in Taipei. Not incredibly plot-heavy in nature, the film features two Taiwanese men named Lee and Feng and a Hong Kongese woman named Hsu Zi Qi who has a pet parrot. The story unfurls as various characters start calling her cellphone and asking for Johnny. This Johnny character never physically appears in the movie.

You wrote the story yourself. What did you want to say to the audience?
At first, I wanted to write a story about public transportation in Taipei. I believe that public transportation has a significant impact on people's relationships in big cities like Taipei. Many think that city people are emotionless and cold-hearted. To me, however, most people have a complex cocktail of emotions. The tiny space called public transportation forces people into confined areas and prevents them from expressing their feelings. Looking at the phenomenon inspired me to write a story about human relationships.

Could you tell us more about how public transportation influenced you? It may sound irrelevant, but I was surprised to find that people are not allowed to consume liquids on the subway, even water.
People living in a city must be in motion all the time: on the subway, on the bus and even on the airplane. The public transportation system crams strangers into confined spaces and specific time slots and takes them from here to there. I thought about how people travel together even though they have different destinations. And as far as I know, you can drink water from a plastic bottle(laughs).

Why did you use Johnny's name in the title of the movie even though he never makes an appearance? Besides, it is the parrot that three of the characters are after.
As matter of a fact, I was inspired by a friend's story. A friend changed his phone number and one day, someone started calling him looking for a person named Johnny. It really intrigued me. I kept wondering who Johnny was.

Why did you choose a parrot as Hsu Zi Qi's pet?
To answer that, we need to get to know her personality and background. She travels between Hong Kong and Taipei, which makes Taipei only her temporary home. Thus, it is difficult for her to form relationships with people in the city. She seemed so lonely that I wanted her to have a pet. At the same time, however, she is very impatient. A flying animal symbolic of freedom seemed to suit her better than an animal that requires a lot of care and dedication. Of all birds, I chose a parrot because I thought she would have wanted a creature as glamorous as her own personality.

Hsu Zi Qi is a female character from abroad. Is this because you are also a woman who has lived abroad?
The movie reflects my thoughts and feelings about living here in Taipei, not the ones I had abroad.

Does living in Taipei make you feel lonely?
Not really, since I have been busy working(laughs).

How long did it take to finish filming?
It took 28 days starting the end of June last year. That's not much time to shoot an entire film so we had to shoot everything as quickly as possible. By the time that people got into the hang of things, it was already the last week of filming.

How did you help the actors get into character?
I advised them to visit places where their characters live and hang out. I believe that getting oneself accustomed to those spaces helps them act better.

I want to ask you about the soundtrack as well. You worked with Lim Giong(林強) who has composed for many Taiwanese films.
I initially thought of a light jazz score but while shooting, I discovered different dimensions to the story. After editing, the general tone of this film felt heavier than expected. On its surface, the story appeared to be emotionally composed but the feelings I had while filming were deep and intense. So I decided to go from jazz to electronic. And as you may already know, Mr. Lim is the person to go to when it comes to electronic music. So I sent him the first edition of my film to ask him if he could work with us and fortunately, he accepted.

What was it like to work with Mr. Lim?
It was really fun to produce songs with Mr. Lim. We started mixing after I was done with filming and we finished it within a week since there was not much for us to discuss. Our sound engineer was also with us, revising and discussing the music. Because of the nature of electronic music, you have to be really careful when overlaying the music onto the shots. You have to make subtle adjustments even though the audience might not notice such as the strength and intensity of the music. The score took three to tango, but we agreed on almost everything and were able to complete the process in such a short period of time – seven days. Although it was the first time all

three of us worked together, we got along pretty well.

Director Hou produced "Missing Johnny." Did he have any advice for you during the shoot?

I brought two of my scenarios to Mr. Hou and he chose "Missing Johnny" from the two. The conversations I had with him influenced me both at a personal level and a professional level but he didn't give me any direct advice about the filmmaking process.

What did you learn from your time on Mr. Hou's production team?

While I was working for Mr. Hou as a college student, I had no idea what he was up to. Although I worked right beside him, I did not understand his choice of locations and why he treated the actors in a certain way. I left the film industry in Taiwan for a few years and when I came back, I finally understood him. I used those experiences while filming "Missing Johnny."

How did you and Mr. Hou get to know each other?

We have known each other since I was in high school. Even though I was living abroad, I came back to Taiwan every break and visited the sets of his films. Since I was always coming around, I was easily spotted and we got to know each other better.

Did you dream of becoming a film director when you were little?

I was interested in audio recording when I was in elementary school. By the time I entered middle school, video cameras became so popular that I got to film things with the camera by myself and dreamed of becoming a film director. I have never imagined that I would really become one though. I thought I could perhaps become a screenwriter, a sound engineer or a producer(laughs).

I heard that you left Taipei at an early age. What does Taipei mean to you?

I went to middle school in Singapore, high school in Vancouver and college in New York City. Because I left Taiwan as soon as I graduated from elementary school, I thought a lot about the idea of home. I wondered whether the city I live in is my home. Growing up, I became accustomed to this life and felt less desire to define where home is and reminisced less and less about Taipei.

Then what brought you back to Taipei?

It was for my grandmother on my mom's side in Taipei.

When returning to Taipei, did you have a specific goal or ambition?

When I came back, I was an aspiring filmmaker ambitious about making movies. I wanted to create a philosophical film that depicts human nature. I distanced myself from the film

industry for a while, but I eventually came back.

Many people I met described Taipei as free-spirited. What do you think?

Freedom has its own constraints. It is almost like life in that way. I guess it is fair to say that we are enjoying freedom within boundaries.

Which area do you think presents the city of Taipei best?

I think it should be the Zhongzheng district(古亭區). This is where the development of Taipei began but here are still a lot of old temples. In the past, temples would bang a drum to alert of an invasion. The drums are still preserved. I think that the history of the town reflects the true color of Taipei. Also, if you want to see the old Taipei, it's a good idea to watch the 1985 film "Taipei Story."

Are there any places you would like to recommend to visitors to Taipei?

I think in Taipei it's better to recommend foods over locations. I'd recommend drinking beer with snacks you could pick up at the night market such as fried noodles, fried squid, and seafood. Not only can you enjoy tasty food there, but you can also find inspirations from people visiting the night market.

Now that your first film was released, what would be your future goal?

To live my own life. And to keep producing stories and share them with people.

Scenes, Words

and Places

Words & Photography **Kim Hyewon**

"네가 날 바꾸겠다고? 난 이 세계랑 똑같아.
이 세계는 변하지 않아."

고령가 소년 살인사건
A Brighter Summer Day

감독 에드워드 양
출연 장첸, 양정이, 장구주, 금연령
제작 연도 1991

타이베이시립건국고등학교 臺北市立建國高級中學 Taipei Municipal Jianguo High School
No. 56, Nanhai Road, Zhongzheng District, Taipei City
(참고로 관계자 이외는 출입할 수 없다.)

"아빠 보는 걸 난 못 보고, 난 보는데 아빠 못 봐요.
둘 다 보려면 어떡해야 하죠?"

하나 그리고 둘
A One and a Two

감독 에드워드 양
출연 오념진, 금연령, 이세이 오가타, 켈리 리,
조나단 창, 진희성
제작 연도 2000

원산대반점 圓山大飯店 **The Grand Hotel**
No. 1, Section 4, Zhongshan North Road, Zhongshan District, Taipei City

"아까 연주한 곡 이름이 뭐야?"
"그건 비밀이야."

말할 수 없는 비밀
Secret

감독 주걸륜
출연 주걸륜, 계륜미
제작 연도 2007

진리대학교 真理大學 Aletheia University
No. 32, Zhenli Street, Tamsui District, New Taipei City

"그런데 당신은 누구야?"

애정만세
Vive L'Amour

감독 차이밍량
출연 양귀매, 이강생, 천자오룽
제작 연도 1994

다안삼림공원 **大安森林公園 Da'an Forest Park**
No. 1, Section 2, Xinsheng South Road, Da'an District, Taipei City

"어떤 이는 도자기가 적고 어떤 이는 도자기가 많죠.
어떤 이는 소파가 많고 어떤 이는 소파가 적어요.
아직 서로를 못 찾았을 뿐이에요.
이것이 도시이고, 이것이 도시의 일상 이야기예요."

타이페이 카페 스토리
Taipei Exchanges

감독 샤오 야 쳰
출연 계륜미, 임진희
제작 연도 2010

푸진제 富錦街 Fujin Street
Fujin Street, Songshan District, Taipei City

"독일에서 전해오는 명곡으로 오래된 전설이 담겨있어요.
아름다운 귀신이 라인강에 살고 있었는데
지나가는 어부들이 그 노랫소리에 심취해서
배가 암초에 부딪치는 바람에 많은 사람이 죽었대요."

©비정성시

비정성시
A City of Sadness

감독 허우 샤오시엔
출연 양조위, 신수분, 진송용
제작 연도 1989

지우펀 九份 Jiufen Old Street
Jishan Street, Ruifang District, Xinbei

Taipei (Film) Story

대만 영화 읽기, 혹은 영화로 대만 읽기

중국인이 중국인을 만나면 이야기는 역사가 된다. 대만 영화는 오랜 동안 아시아 영화에서도 변방에 놓여있었다. 이들이 다시 시작할 수 있었던 것은 1947년 12월 장제스蔣介石의 국민당과 함께 대만으로 건너온 본토 세대들의 자식들이 자라서 영화를 만들기 시작하면서부터였다. 우리들은 어디서 왔는가? 홈리스가 되어버렸다는, 고향을 잃어버린 향수. 우리들은 어떻게 이곳에 왔는가? 도착하자마자 번성런本省人(대만 토착민들을 그렇게 불렀다)을 상대로 국민당은 무자비하게 '빨갱이 사냥'의 이름으로 대규모의 학살극을 벌였고(그게 허우 샤오시엔의 〈비정성시〉의 배경이다), 그런 다음 함께 이주했지만 국민당에 비판적인 지식인들을 간첩으로 몰아서 숙청하였다(그게 에드워드 양의 〈고령가 소년 살인사건〉의 배경이다). 피비린내 나는 역사. 이 위대한 두 편의 영화. 국민당은 독재 정치를 했지만 동시에 대만은 아시아의 네 마리 용龍 중의 하나로 불릴 만큼 성공적인 경제 성장을 이루었다. 그러나 그 과정에서 근대화가 겪는 빈부의 격차와 도시화의 소외는 고스란히 이 작은 섬나라 국민들의 몫이 되었다. 수많은 대만 영화의 배경.

그 과정에서 대만 영화는 일상생활을 자신들의 미학으로 만들었다. 그러나 단지 리얼리즘의 영화를 찍는 데 멈추지 않았다. 그들은 좀 더 멀리 나아갔다. 대만 영화는 생활 안에 잠겨있는 경험의 미학으로까지 밀고 나아갔다. (경험의 미학이라고 했나요? 그렇습니다.) 마치 뜨거운 차에서 우러나오는 것과 같은 경지가 그들의 목표인 것처럼 오래된 중국 예술의 대가들의 교훈을 따라갔다. 그러면서 다른 어떤 나라의 영화에서도 본 적이 없는 장소의 미장센을 자신들의 대상으로 삼았다. 수많은 디테일이 있지만 나는 그중에서 두 가지를 지적하고 싶다.

그 하나는 반복적으로 등장하는 집이다. 허우 샤오시엔도, 에드워드 양도, 리안도 항상 집을 중심으로 이야기를 진행하였다. 누가 그 집에 머무는가, 누가 그 집을 떠나는가(리안의 〈음식남녀〉), 누가 그 집에 돌아오지 못하는가(에드워드 양의 〈하나 그리고 둘〉), 그리고 누가 결국 돌아오는가(허우 샤오시엔의 〈연연풍진〉). 그들은 세상이 집 안과 바깥 둘로 나뉘어 있는 것처럼 이야기를 구성했다. 그들에게 가족이 머무는 장소로서의 집은 기억이 모이는 장소이자 세상에서의 유일한 피난처럼 보인다. 모두가 모여서 함께 사는 집. 이상할 정도로 대만 영화는 그래서 대가족을 이야기의 중심으로 삼았다. 할아버지의 시간, 아버지의 시간, 아들의 시간. 켜켜이 쌓여있는 시간. 마치 물이 고이듯이 시간이 하나의 그릇에 담기는 것처럼 집을 찍었다. 이 더할 나위 없는 유교적 시간. 그때 그들은 대만에 이주했을 때 머물렀던 전통적인 가옥 구조에서 이야기를 진행했다. 그 집이 아파트로 옮겨갔을 때 거기서 아무도 머물지 못했다(에드워드 양의 〈타이페이 스토리〉). 혹은 그게 누구든 그 집의 손님이 된 다음 잠시 머물렀다가 떠나기를 반복하면서 타이베이의 길거리를 그저 정처 없이 돌아다녔다(차이밍량의 〈애정만세〉). 그들은 자기의 집에서 고향을 잃은 홈리스였고, 도시의 아파트 숲속에서 갈 곳 없는 유목민들이었다. 심지어 갈 곳 없는 이들이 한밤중에 극장에 영화를 보러 가서는 귀신들을 만난다(차이밍량의 〈안녕, 용문객잔〉). 그들의 삶은 표면적으로는 고요하고 서로 예의 바르며 모두에게 평화롭지만 각자의 방식으로 부서져가는 중이다. 다른 하나는 밥상이다. 이 테이블은 술상이 되기도 하고 차를 함께 마시는 자리로 변주되면서 대만 영화가 자기를 표현하는 하나의 전형적인 장면이 되었다. 심지어 서방 세계 비평가들은 전 세계에서 밥상을 가장 잘 찍는 건 대만 영화라는 표현을 쓰기도 한다. 핵심은 '이때 여기에 누가 누구와 앉느냐'라는 질문이다. 혹은 누가 앉지 못하느냐의 문제이다. 이번에는 여러 편의 예를 드는 대신 한 편의 영화를 통해서 설명하겠다. 허우 샤오시엔의 〈비정성시〉는 밥상만으로 찍은 영화이다. 영화가 시작할 때 밥상에 온 가족이 모여 앉아 활기차게 저녁을 먹는다. 영화는 몇 번이고 반복해서 밥상으로 돌아온다. 그때 이 영화를 보는 유일한 방법은 밥상을 유심히 바라보는 것뿐이다. 임씨 집안의 네 형제. 1948년 2월 28일 빨갱이 사냥의 밤. 장사를 하는 첫째는 동업자의 칼에 찔려 죽고, 둘째는 해방이 되면서 일본군에 끌려갔다가 뒤늦게 사망통지서로 돌아온다. 지식인이었던 셋째는 빨갱이로 몰려 고문 후유증으로 미쳐버리고. 귀머거리인 넷째는 반정부 활동단체를 돕다가 발각되어 어디론가 끌려간 다음 소식이 끊긴다. 영화의 마지막 장면은 다시 밥상에서 끝난다. 그러나 네 형제의 자리는 비어있고 침울하고 아무도 대화하지 않는 어두운 저녁 밥상으로 끝난다. 그때 그 밥상은 하나의 역사가 된다.

이것을 대만 영화는 마치 약속이나 한 것처럼 일정한 거리만큼 물러나서 지켜보듯이, 아무것도 손댈 수 없다는 듯이, 그저 할 수 있는 일이라곤 그 삶을 느껴보는 것이라는 듯이 바라보았다. 만일 당신이 시네필이라면 대만 영화라는 말을 듣는 순간 떠오르는 장면들은 거의 움직이지 않는 카메라와 오랜 시간 편집하지 않는 롱 테이크 촬영일 것이다. 그러나 그것은 단지 미학적인 문제가 아니라 이들에게 세상과 만나는 방법이자 태도인 것이다. 역사 앞에서 아무것도 할 수 없었던 그 거리. 그 앞에서 견뎌야 하는 시간. 비 내리는 타이베이의 저녁 시간, "당신에게 영화란 무엇입니까"라는 질문에 허우 샤오시엔은 내게 대답했다. "영화는 내게 세상을 대하는 예의와 같은 것입니다." 말하자면 하나의 세계관으로서의 거리, 그리고 시간. 이때 인물과의 거리, 사건과의 거리, 장소와의 거리는 서로 다른 대만 감독들의 세상에 대한 태도가 되었으며 그들의 미학이 되었다. 위대한 이름들. 허우 샤오시엔, 에드워드 양, 리안, 차이밍량. 물론 그들 중 누구를 지지하느냐는 각자의 취향의 문제이다. 하지만 한 가지는 분명히 말할 수 있다. 대만 영화는 자신들의 영화가 이해되기보다는 경험되기를 원했다. 그들의 영화는 그렇게 보아야 한다. 나는 그렇게 생각한다.

Words **Jung Sungil(Film Critic, Film Director)**

Nowhere in Taiwan

2011년 여름이었다. 포토그래퍼 천이쉔Chen
I Hsuen은 사이에 존재하는 것들을 찍기 시작
했다. 그의 카메라가 비집고 들어간 곳은 자연
의 풍광이나 도시의 경관도 아닌 모호한 장소
였다. 그는 그곳을 'Nowhere'라고 불렀다. 흔
적, 발자국, 쓰레기, 무늬, 표정…. 생의 피곤함
이 묻어있는 것들을 추적하고 셔터를 눌렀다.
사진 속 장소가 어디인지, 실재하는 곳인지는
중요치 않다. 풍경이 건네는 침묵이 주변을 맴
돌 때, 그저 여기는 대만의 어딘가이다.

ihsuenchen.com

Book

BOOK

Tseng Sheer Song

Public Affairs Director at Eslite Bookstore

청시송, 청핀서점 홍보 디렉터

Editor **Lee Hyuna**
Photographer **Oh Jinhyeok**

청핀서점誠品書店Eslite Bookstore(이하 청핀)은 1989년에 처음 문을 열어 현재는 40개가 넘는 체인점을 지닌 서점이다. 지하 1개 층에서 건축, 미술 도서를 판매하며 작게 시작했지만, 차츰 인문학 도서에 집중하며 분야를 넓혔다. 청핀은 처음부터 책만 있는 공간이 아니라 복합적인 문화를 즐길 수 있는 공간으로 기획됐다. 현재는 영화관, 갤러리, 음반 판매점, 식당, 호텔까지 청핀서점에서 즐길 수 있다. 2017년 7월 영면한 우칭요우吳清友 회장은 기업의 이익보다 공공의 가치를 우선시하며 대만과 중국에서 새로운 서점문화를 이끈 인물로 평가받고 있다.

사람들이 청핀서점에 오는 것을 좋아하는 이유는

모든 이들이 이곳에서 평등하고 눈치보지 않기 때문이죠.

명품 매장 같은 곳은 쉽게 가기 어렵고 상황에 따라
자괴감을 느낄 수도 있는 장소지만,

서점만큼은 그런 곳으로 두면 안 된다고 생각했어요.

詩
POETRY

자기 소개를 해주세요.

저는 청핀서점에서 홍보를 맡고 있어요. 이 일을 하기 전에는 방송국 취재 기자활동도 했어요. 청핀에서는 3년째 일하고 있습니다.

서점이 국가와 도시의 랜드마크가 될 수 있다는 점에 놀랐어요. 청핀서점은 어떤 곳인가요?

청핀은 대만에만 40여개의 지점을 두고 있어요. 홍콩에는 네 개의 지점이, 중국에 하나의 지점이 있죠. 이렇게 여러 체인을 두고 있지만 서점마다 고유한 특징이 있어요. 단순히 같은 서점을 다른 지역에 복사하지 않으니까요. 예를 들어 타이베이 101빌딩 옆에 있는 신의信義점은 책을 읽는 박물관이라고 할 수 있어요. 책이 백 만권이 넘고 무려 오천 종류의 잡지가 있어요. 그리고 둔남敦南점(본점)은 쉬는 날 없이, 24시간 열려있죠. 청핀호텔 옆에 있는 송언松菸점은 책을 비롯해 가죽, 금속 공예 등 무언가를 직접 만들 수 있는 경험을 강조하고 있어요. 중산역中山站에 있는 R79점은 청핀서점의 설립자인 우칭요 우吳清友 선생님(이하 우 선생님)의 마지막 작품이죠.

R79점은 지하철역 지하의 긴 통로에 있어요. 어떻게 만들어진 서점인가요?

우 선생님이 책을 판매할 생각을 하지 말라는 이야기를 먼저 하셨어요. 이곳은 사람들이 출근하거나 등교할 때 5분이나 10분 정도의 시간을 소비하면서 지나가는 공간이거든요. 다만 어떻게 5분에서 10분을 한 사람의 인생에서 제일 중요한 순간으로 만들까, 고민해보라고 하셨죠. 그 짧은 시간을 하루에서 제일 행복한 경험으로 만들면 사람들은 30분 혹은 더 긴 시간을 여기서 보낼 거라고요.

청핀의 시작이 흥미로워요. 처음부터 단순히 책을 파는 '서점'으로만 시작한 게 아니었죠?

청핀은 1989년부터 서점, 갤러리, 예술 문화 공간, 그리고 생활의 품격을 올려줄 수 있는 브랜드들을 소개하는 장소로 시작했어요. 우 선생님은 인문학, 예술과 창의성이 개개인의 인생에 깃들길 바랐거든요.

특히 '공간' 자체에 집중하는 곳인 것 같아요.

청핀은 장소의 정신을 강조하고 있어요. 교회나 성당에 들어가면 마음이 안정되는 것처럼 서점에 들어오면 '책을 읽고 싶다'는 느낌이 들었으면 했죠. 독서뿐만 아니라 다른 예술을 같이 즐기며 마음을 내려놓게 만드는 문화 장소를 만들고 싶었고요. 그래서 지점에 따라 공연장, 영화관, 작은 전시 공간 등 문화 예술을 즐길 수 있는 공간

이 있죠. 모든 서점에서 1년에 오천 개가 넘는 이벤트가 열리고 대부분 무료예요. 다만 영화를 볼 땐 값을 지불해야죠 (웃음).

청핀은 영어로 'Eslite'라는 이름을 써요. 어떤 뜻인가요?

Eslite는 고대 프랑스어로 '엘리트'라는 뜻을 담고 있어요. 우 선생님이 말한 엘리트란 사회적으로 성공한 사람이 아니라 자기 안의 가장 밝은 면을 살릴 수 있는 사람이에요. 이런 의미를 담아 브랜드 이름으로 선택하게 되었어요.

청핀을 이야기할 때 고집스럽게 지켜온 철학을 빼고 말할 수 없는 것 같아요. 오랫동안 적자를 보면서도 한번도 태세를 전환하지 않았죠.

우 선생님은 항상 이익Benefit을 먼저 생각한 후에 이윤Profit을 생각하라고 하셨어요. 이런 사상이 청핀을 다른 곳과 구분짓게 만든 동력이었어요. 사실 선생님은 35세라는 젊은 나이에 이미 호텔 주방용품으로 많은 돈을 벌었어요. 거의 오백 억이 넘는 돈이죠. 그 무렵 선생님은 세 사람을 떠올렸어요. 첫 번째는 의사인 알버트 슈바이처Albert Schweitzer였어요. 많은 사람이 알고 있듯 38세에 아프리카로 떠나 의료 활동에 평생을 바쳤죠. 두 번째는 작가 헤르만 헤세Hermann Hesse였어요. 헤세는 마흔부터 글을 쓰는 것과 영혼의 연결고리를 생각하기 시작했죠. 그리고 마지막으로 떠올린 사람은 홍일대사Hong Yi라는 중국의 고승이에요. 그분은 음악과 많은 분야에서 성과를 냈지만 39세에 홀연히 출가했죠. 우 선생님도 그들과 비슷한 나이였고, 그때 자신에게 주어진 큰돈으로 어떤 일을 할까 고민하다 청핀을 시작하게 됐죠.

15년간의 적자에 어려움은 없었나요?

큰 자본으로 시작했지만 2004년까지 15년 동안 손해를 봤어요. 장사하는 법을 몰라서가 아니라, 애초에 이 서점에 대한 신념이 남달라서 적자를 본 거죠. 늘 독자와 공공성을 생각한 후에 이윤을 생각했으니까요. 저희는 체인점을 낼 때 단순히 기존의 서점을 똑같이 내는 게 아니라 각 지역을 연구하고, 주민과 소통하면서 지점을 내요. 지역에서 배우고 장소의 역사와 가치를 살려야만 새로운 일을 할 수 있으니까요. 예를 들어 중국 소주蘇州 지점에서는 소주의 유네스코 무형 자산과 관련된 예술가를 지점에 초청해 고객들에게 그들의 작품을 보여줬어요. 다음 세대의 젊은 고객도 문화의 이런 다층적인 면을 느낄 수 있길 바랐거든요.

우 선생님을 무척 존경한다는 게 느껴져요.

선생님은 중국과 대만에서 서점을 새로운 차원으로 승화시킨 인물로 평가 받고 있어요. 선생님의 사상이 다른 서점에도 영향을 미쳤다고 생각하고, 비슷한 서점이 생겨나고 있어요. 그렇기에 지금 세대는 전 세대보다 더욱 성장해야겠죠. 선생님은 늘 청핀이 성공했다고 얘기할 수 없다고 하셨어요. 경영학적으로는 그 사실을 부인할 수 없으니까요.

선생님은 늘 서점에 찾아오는 손님을 극진히 대할 것을 강조했다고요.

서점에 들어오면 스트레스와 고민을 내려놓고 대접받는 느낌을 받을 수 있도록 노력하고 있어요. 작은 여유를 느낄 수 있게 하는 것이 청핀의 철학이에요.

'대접'이라는 건 구체적으로 어떤 행위를 말하는 건가요?

예를 들자면 청핀의 어느 지점을 가더라도 책장의 맨 마지막 칸은 땅과 수평으로 배열되어 있지 않고 위로 15도 기울어져 있어요. 그렇지 않으면 사람들이 그 책들을 보기 위해 바닥에 앉아야 하거나 허리를 구부려야 하니까요. 이런 섬세한 디테일을 통해서 고객들이 대접받고 있다는 것을 느끼게끔 하는 것이죠. 또한 청핀이 생기기 전, 서짐에 있는 책은 거의 책의 등만 보도록 진열됐지만 저희는 책의 표지를 볼 수 있게끔 책을 평면적으로 나열했어요. 그리고 청핀에 있는 모든 책은 열람할 수 있고, 비닐 포장이 되어있더라도 보고 싶다면 직원에게 요청해 뜯어 볼 수 있어요. 사람들이 청핀에 오는 것을 좋아하는 이유는 모든 이들이 이곳에서 평등하고 눈치 보지 않기 때문이죠. 명품 매장 같은 곳은 쉽게 가기 어렵고 상황에 따라 자괴감을 느낄 수도 있는 장소지만, 서점만큼은 그런 장소로 두면 안 된다고 생각했어요.

R79점에서 봤던 전시가 기억에 많이 남아요. 중산구 사람들을 찍은 사진이었죠. 청핀에서 직접 기획한 것인가요?

네, 서점의 기획을 통해 열리게 된 전시예요. 전시 제목인 'Lee Ho'는 대만 사투리로 안녕이라는 뜻이에요. 중산구 주택에 달려있는 철창을 사진과 같이 전시하기도 했죠. 한 가지 인상적인 일이 있었어요. 95세의 아버지와 사진을 찍은 딸이 전시에 와서 사진을 보고 눈물을 많이 흘렸는데, 아버지와 이런 사진을 찍은 것이 처음이라고 하더라고요. 뿌듯하고 감동적이었던 순간이었어요.

서점에 가보니 일반적인 베스트셀러 외에도 직원들이 직접 추천한 책 리스트도 있더라고요.

讀職人選 STAFF PICKS

STAFF PICKS

陳忠弦

從 Uniqlo、
SMAP 到 Fuji 幼稚園，
見識日本首席藝術指導
跨文化領域的創意
也讓我開始學習思考
體會設計者的美學精神。

STAFF PICKS

謝玟儀

大前研一
對於全球市場、
政治經濟都有深入的研究，
直觀的書寫其觀察與想法，
這是觀看全球政經局勢
的另一種模式。

人物篇

Under the city,
we live for reading

黑暗中的
執燈者

夜晚的空氣穿透地底巷弄，
黑暗中此起彼落的燈光閃耀，
是文學家與哲學家、藝術家與科學家，
他們在閱讀的路上相伴，
隨如美麗的燭光，引領我們前行。

今治毛巾的
美學

今治毛巾的
美學

KASH
SATO

一手打造 UNIQLO
全球品牌之路

Nudge
79

推出你的
影響力

Nudge
79

推出你的
影響力

2017諾貝爾經濟學獎得主

2017諾貝爾經濟學獎得主

生活中的
實踐家

不當行為

2017年諾貝爾
經濟學獎得主
理查・塞勒

不當

MISBEHAVING

청핀의 역사가 30년이 넘다 보니 오래 일한 직원들도 많아요. 개인마다 전문 분야가 있기도 하죠. R79점에는 '지하독서달인' 역할을 하는 직원이 따로 있고 그 직원이 선택한 책을 저희가 발간하는 신문에 게재하죠. 이런 부분이 청핀이 여느 서점과 구별되는 점이에요.

우리는 지금 시집 코너에 있네요. 좋아하는 시집이 있나요?
저는 독일 시인 라이너 마리아 릴케Rainer Maria Rilke의 시집을 좋아해요. 대만 시인 중에는 아현痙弦이라는 작가를 좋아하고요.

서점에 앉아 책을 읽는 모습을 많이 봤어요. 모두 잠깐 앉았다 가는 모습이 아니더라고요.
대만에서는 책 읽을 때 땅에 앉아서 읽는 풍습이 있어요. 특히 나무 계단이 많은 둔남점에 가면 그런 모습을 많이 볼 수 있죠.

또 하나 신기했던 건, 음반 코너에서 CD보다 LP가 먼저 보인다는 거예요.
청핀은 11년 전부터 'LP판 르네상스'를 시작했고 해마다 30퍼센트만큼 성장하고 있어요. 최근에는 이런 LP산업의 매출이 1억원대를 기록하고 있죠. 요즘은 앨범을 CD로만 발매하는 것이 아니라 LP로 내기도 해요.

CD도 그렇고 LP는 더욱 사양 산업의 이미지가 강한데 놀라워요. 청핀의 영향이 어느 정도 있다고 생각하나요.
완전히 청핀 덕이라고 말할 수는 없지만, 대만 내에서는 이 부분에 대해 긍정적인 평가를 받고있죠. 2007년부터 이 사업을 시작했으니까요.

그런데 왜 LP가 사라지면 안 된다고 생각하나요? 어쩌면 전자책과 종이책에 대한 질문일 수도 있겠네요.
먼저 기본적으로 음악을 듣는 방법에서 차이가 있죠. CD는 디지털로 복사한 것이기 때문에 감정적이라기보다는 기계적이지만, LP는 판마다 조금씩 다르기 때문에 더 감성적인 것 같아요. LP판은 아날로그 신호를 사용하니 더 섬세한 소리를 살려주고요. LP판 르네상스는 클래식 음악으로 시작했기 때문에 고객 연령층이 높았지만 지금은 점점 낮아지고 있어요. 한번은 서점에서 DJ와 함께 LP판으로 음악을 트는 파티를 진행했는데 실제로 젊은 고객들이 와서 신나게 춤을 추다 갔죠. 지금 듣고 있는 건 1980년대 대만의 포크 음악이에요. 방금 저기서부터 여기까지 걸어오면서 시간이 느려

졌다는 느낌이 들지 않았나요?

청핀에는 LP는 물론 식료품, 공예품 등 다양한 제품이 함께 있어요. 그런데 모두 책과 함께 있어서 그런지 더욱 좋은 느낌이에요. 우 선생님이 선택한 건 왜 하필 '책'이었을까요?
'천만 개의 기분, 억만 개의 영혼'이라는 말이 기억나요. 책을 읽으면 읽을수록 더 새롭고 많은 정신을 만들어 낸다고요. 선생님은 모든 사람이 한 권의 책이라고 말하셨어요.

청핀의
공간들

청핀서점 둔남점 誠品敦南店
Eslite Bookstore Dunhua

청핀에서 가장 많은 종류의 잡지를 보유하고 있는 둔남점은
1999년부터 24시간 열려있는 서점이다. 24시간 영업을 시
작하게 계기도 특별하다. 매체와 설문조사를 했더니 타이베
이 시민들은 일이 늦게 끝났을 때 노래방이나 술집이 아니라
조용하게 앉아 생각할 곳이 필요하다는 의견을 냈다. 사람
들의 소망을 반영한 이 서점에서는 책보다 먼저 오래된 나무
바닥에 앉아 책 읽는 사람들이 보인다. '좋은 책은 외롭지 않
다好書不寂寞'는 성품의 신조가 자연스럽게 떠오르는 공간
으로, 한 권의 책 같은 사람들을 보는 것만으로도 위안을 얻
을 수 있는 곳이다.

No. 245, Section 1, Dunhua South Road, Da'an District, Taipei
City

청핀서점 송언점 誠品生活松菸店
Eslite Spectrum Songyan Store

송언점은 차와 함께하는 서점이다. 서점과 함께 대만의 100
년 넘은 티 브랜드부터 젊은 브랜드, 식료품 브랜드까지 함
께 들어서 있다. 이곳에 자리한 EXPO는 대만의 창작 브랜드
와 디자이너를 발굴하는 곳이다. 각각 상점에서 직접 가죽
공예, 그림, 목공, 세제 만들기 등 워크숍 형태의 체험을 할
수 있다. 송언점에는 청핀에서 운영하는 예술영화관과 공연
장이 함께 있는데, 책을 사지 않더라도 담배 공장 터가 남아
있는 역사 구역에서 다양한 문화적 활동이 일어났으면 하는
바람에서다. 영화관에서는 주로 예술 영화를 상영한다.

No. 88, Yanchang Road, Xinyi District, Taipei City

청핀서점 R79점 誠品R79
Eslite Underground R79 Store

중산구는 한국의 삼청동처럼 특색 있고 작은 가게가 많은 지역이다. 또한 중산역은 유동인구가 가장 많은 지하철역이기도 하다. R79점은 중산역 아래 긴 지하보도를 따라 만들어진 서점이다. 가로 폭은 좁고 세로가 길어 밖에서는 등을 보이고 앉아 책을 읽는 사람들이 보이고 서점 안으로 들어와 걸으면 터널을 통과하는 듯한 느낌이 든다. 이곳에는 사람들이 인문학에 다시 관심을 둘 수 있도록 문학, 역사와 철학, 시집을 의도적으로 많이 비치했다. 베스트셀러가 아닌 '지하독서달인'들의 추천 책 목록을 보는 재미도 쏠쏠하다.

No. 16, Nanjing West Road, Zhongshan District, Taipei City

청핀호텔 誠品行旅
Eslite Hotel

서점에서 만든 호텔. 이 문장을 되뇌기만 해도 기분 좋은 상상이 인다. 청핀호텔은 그런 상상을 정확히 구현한 곳이다. 먼저 호텔을 이야기하려면 호텔이 들어선 장소를 설명해야 한다. 송산문창원구는 오래된 담배 공장을 복합 문화 공간으로 개조한 곳으로 타이베이 예술가들의 '지금'을 목격할 수 있는 곳이다. 로비는 마치 작은 도서관을 방불케 한다. 오천 여 권의 예술 서적이 빼곡한 이곳에서는 투숙객이 자유롭게 책을 볼 수 있다. 객실에는 각기 다른 대만 예술가들의 작품이 전시된다. 호텔을 위해 따로 책과 작품을 큐레이션하는 팀이 있을 정도다.

No.98, Yanchang Road, Xinyi District, Taipei City
eslitehotel.com

Tseng Sheer Song
Public Affairs Director at Eslite Bookstore

Eslite Bookstore was founded in 1989 and from the beginning the bookstore's goal was to create a cultural complex that goes beyond just books. The Eslite brand now includes movies, exhibitions, music, food and hotels. The late chairman and founder Robert Wu (Wu Ching Yu 吳清友), who passed away in July 2017, is credited with spearheading a new culture for bookstores in Taiwan and mainland China by placing public benefits above corporate profits.

Could you please introduce yourself?

I am Sheer-song Tseng and I'm in charge of public affairs for Eslite Bookstore. Before joining this company, I worked as a reporter at a broadcasting station. This is my third year at Eslite Bookstore.

Tell us a bit more about Eslite.

Eslite Bookstore has more than 40 locations across Taiwan and now four stores in Hong Kong and one in mainland China. Each location has its own character. For instance, our Xinyi branch (next to the Taipei 101 Building) is a museum for reading. They have more than one million books and five thousand magazines. Our flagship store in Dunnan is open 24 hours. The Songyan branch puts emphasis on giving customers an opportunity to experience something besides reading – activities like leather craft or metal craft. The R79 branch near Zhongshan Station is special in that it's the last one Master Robert Wu worked on.

The R79 is built underground and connects to the subway. Why was this chosen as the site for this bookstore?

Master Wu believed that we should not think about making profit from selling books. This particular location is just a passageway people pass on their way to school or work, for about five or ten minutes a day. During its conception, he wanted us to think about ways that we could make that period of time more meaningful for our customers. Master Wu thought if we could turn that short walk into a happy experience, people would eventually stay longer at our store.

I heard that Eslite Bookstore sold more than books, even from the beginning. Could you go into that?

Eslite's philosophy from the start was to sophisticate people's lives by providing an arts and culture space for them. Master Wu hoped that the creativity of the humanities and the arts could be incorporated in people's lives.

It seems that Eslite pays special attention to the atmosphere that presents books.

Eslite places great importance on atmosphere. The same way a church or a cathedral can be calming, we want Eslite to encourage people to want to read. We wanted to create a cultural space where people can relax and enjoy diverse art works apart from books. That is why all Eslite bookstores feature special areas dedicated to art activities including a performance stage, a movie theater and a small gallery. Most Eslite bookstores present more than 5,000 events a year – mostly free of charge. But you still have to pay for a movie ticket(laughs).

The bookstore is named Eslite. What does the name mean?

The word Eslite means elite in French. Master Wu saw an elite person, not as someone who was socially established, but intelligent and bright. We named our brand after his philosophy.

Any discussion of Eslite Bookstore would be incomplete without mention of its philosophy not to compromise quality at any cost.

Master Wu always taught us to put benefit before profit. It was his teaching that set Eslite Bookstore apart from its competitors. By 35, Master Wu was already a successful entrepreneur selling kitchenware to hotels. At that point, he thought about three of his role models. First, there was Doctor Albert Schweitzer who dedicated his entire life to treating the sick in Africa. Second, there was the writer Hermann Hesse who connected the dots between writing and soul-searching. Third, there was Monk Hong Yi from China. He was already an established artist and musician when he decided to leave the secular world and become a Buddhist monk at 39. Master Wu was around the same age and at 38, he started thinking about what to do with his fortune and his contemplation gave birth to Eslite Bookstore.

Did the bookstore see any difficulties during 15 years of deficits?

Despite Master Wu's enormous capital, Eslite faced a deficit every year until 2004. It was not that Master Wu was an incompetent entrepreneur, but that his ideas about running a bookstore were too unconventional to generate profit in the existing market. He prioritized readers and public interest before company profits. Whenever we launch a new branch, Eslite studies the neighborhood and communicates with local residents instead of building a cookie-cutter store. It is because we are only as good as our understanding of the town. The Suzhou(蘇州) branch, for instance, invited artists who had created art works related to the six UNESO intangible cultural assets in Suzhou and presented their work to our customers. We hope that young customers from the next generation can appreciate the layers of culture.

I see that you have great respect for Master Wu.

Master Wu has been recognized for raising the culture of bookstores in Taiwan and mainland China to a whole new level. I believe that his philosophy has affected other bookstores as well. We can now see more bookstores like Eslite in Taiwan. Additionally, it is our generation's role to exceed the past generation's accomplishments. Master Wu always said that he did not see Eslite as a success because it did not succeed financially.

Master Wu is said to have emphasized treating customers with the highest courtesy.
We do our best to make our customers feel at home, free of stress and concerns. It is our philosophy to help our customers find peace of mind at Eslite.

What do you specifically mean by courtesy?
For example, at every Eslite branch, the bottom shelf of our bookshelves is tilted about 15 degrees and faces upward, instead of being vertical to the floor. When books on the bottom shelf are upright, people have to squat down or bend over. By paying extra attention to these details, we help our customers feel cared for. Before Eslite, bookstores displayed books spine-first. However, Eslite started arranging the books cover-first so that people could have a better look. People can access any book at our stores – even the ones wrapped in plastic as long as customers ask our staff to peel off the wrapper for them. One of the many reasons that people are drawn to Eslite is that they can be treated equally without feeling unwelcome. While luxury goods stores may feel intimidating and inaccessible, we thought that one should never have such feelings in a bookstore.

The exhibition at R79 was particularly impressive. It presented pictures of people in the Zhongshan district. Was the show planned exclusively by Eslite?
Yes, we asked a photographer to shoot these specific pictures in order to hold the exhibition. The title of the show "Lee Ho" means hi in traditional Chinese with Taiwanese dialect. We put the metal window frames from the Zhongshan homes on display along with the photographs. I had a memorable moment during the exhibit. There was a picture of a 95-year-old father and his daughter. The daughter came to the show and began crying a lot; saying it was the first time she was ever photographed with her father. I was deeply moved by her tears and felt proud of the exhibition.

In addition to bestsellers, there are staff-picks on display.
Since Eslite has been in business for 30 years, we have employees who have been with us for years and years. They also have developed their own taste. For example, the R79 branch has a staff member people called "the master of underground reading" and we publish his personal selection in the Eslite newsletter. This is what sets Eslite apart from others.

We are standing at the poetry section. Do you have any

favorites?
I like poems by German poet Rainer Maria Rilke. Ya Hsien(瘂弦) is my favorite Taiwanese poet.

I saw many people sitting on the floor, reading. They seemed to be there for quite some time.
In Taiwan, people are accustomed to sitting on the floor to read. This is especially noticeable when you visit the wooden steps of the Dunnan branch.

Another thing I noticed was that there were more LPs than there were CDs at the music shop.
Eslite launched a campaign called the LP Renaissance 11 years ago and the LP market has seen a steady growth of 30% every year since. Recently, the LP industry has been estimated to be worth nearly 100 thousand dollars in sales. Musicians now release their latest albums not only in CDs, but also in LPs.

It's even more surprising considering the pessimistic outlook on the future of the LP industry at the time. Not to mention the CD industry. Do you think that Eslite had any impact on that?
Not entirely, but to some extent, Eslite's contributions have been positively received in Taiwan.

Why do you hold onto LPs? That same notion may also apply to print books versus e-books.
Basically, it is about the way you appreciate music. CDs are mechanical rather than emotional as they are digitally reproduced. On the other hand, LPs engage a listener's emotions more because not all LPs make the same sound. LPs use analogue signals, which are better at delivering the subtle sounds of the record. Since the LP Renaissance started with classical music, our customers were much older. They are getting younger now. We once held a party at a bookstore where DJs played music on LPs and it attracted a lot of young customers who came to dance. What we are hearing right now is Taiwanese folk music from the '80s. Walking around, don't you feel time slowing down?

Eslite also carries a variety of products from food to crafts. Somehow, the products don't feel out of place, even in the presence of books. Out of all these, why do you think Master Wu chose books to be the centerpiece?
Master Wu believed that every person is a book. "10 million feelings and 100 million spirits," he said often. He believed the more you read, the more new ideas were born. He always found inspiration in books and recommended reading to the Eslite staff.

Chen Yichiu

Co-creator of Pon Ding

첸이치우, 폰딩 크리에이터

Editor **Lee Hyuna**
Photographer **Oh Jinhyeok**

폰딩朋丁Pon Ding(이하 폰딩)은 한 마디로 설명하기 어려운 곳이다. 1층은 사진, 라이프스타일, 일러스트 등과 관련된 서적을 판매하는 서점이자 커피 바, 2층은 전시와 굿즈를 동시에 즐길 수 있는 팝업 스토어, 3층은 갤러리로 운영된다. 2016년 문을 열어 타이베이 예술가들의 새로운 플랫폼으로 주목받고 있다.

공간을 준비하다 태풍이 와서 옥상에 물이 고인 적이 있었어요.

그때 영어에 물이 고였다는 의미를 지닌 'Ponding'이라는 단어가 생각났어요.

물은 정해진 형태가 없고 수시로 변할 수 있잖아요.

이 공간도 그렇게 전시 주제에 따라서 유연하게 바뀌었으면 했어요.

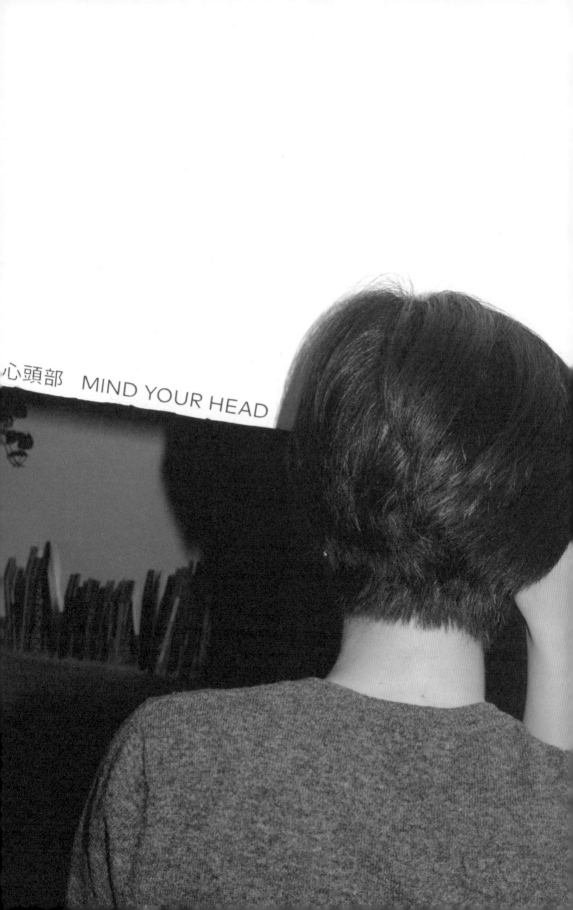

폰딩에서 어떤 일을 하고 있나요?

이곳은 직업적 배경이 다른 세 명이 같이 만든 공간이에요. 저는 잡지 에디터로 일했고 지금은 폰딩에서 판매하는 책과 공간 기획, 전시 기획을 담당하고 있어요.

폰딩에서 일하기 전에는 어떤 잡지에서 일했나요?

저는 대만 친구 두 명과 함께 《낫 투데이Not Today》라는 독립 출판 잡지를 만들었어요. 중국어와 영어로 출판되었기 때문에 해외에서도 잡지를 판매했죠. 지금까지 총 여섯 권의 《낫 투데이》가 발행되었고 일 년에 네 번 출간하고 있어요.

직업적 배경이 다른 세 명이 모여 폰딩을 열게 된 계기가 궁금해요.

설계라고 말하기에는 부끄럽지만, 다 직접 만들었어요. 지금 앉아있는 1층의 테이블은 설계한 뒤 나무 가공을 외부에 부탁했고, 스탠드와 의자는 남편 가구 브랜드에서 설계하고 만들어 가져왔죠.

폰딩이라는 이름은 어떤 뜻을 가지고 있나요?

처음에 자리를 물색할 때 우연히 만난 이 공간이 무척 마음에 들었어요. 햇빛이 잘 들어오고 창문도 아름다웠죠. 그런데 준비하다 태풍이 와서 옥상에 물이 고인 적이 있었어요. 그때 영어에 물이 고였다는 의미를 지닌 'Ponding' 이라는 단어가 생각났어요. 물은 정해진 형태가 없고 수시로 변할 수 있잖아요. 이 공간도 그렇게 전시 주제에 따라서 유연하게 바뀌었으면 했어요. 좋은 선택이었죠. 그래서 로고도 물

동업자 중 한 명은 제 남편인 케넌 예Kenyon Yeh이고, 한 명은 일본 디자이너인 요이치 나카무타Yoichi Nakamuta 에요. 남편은 본인의 가구 브랜드 'ESAILA'를 운영하고 있죠. 4년 전에 신인 가구 디자이너를 초청한 가구 박람회에 함께 참가했었는데 그때 한 일본인 친구를 만났어요. 처음에는 단순히 마음이 맞는 사이로 지냈어요. 대만을 굉장히 좋아하는 친구였는데, 저희 부부에게 공간 프로젝트를 제안했어요. 저희도 좋아하던 관심사를 구체적으로 계획하고 전시하고 싶었고, 이런 계기로 폰딩을 만들게 되었죠.

그럼 이곳에 있는 가구를 모두 남편이 설계한 건가요?

이 고인 그림이에요. 중국어로는 폰딩의 발음과 비슷한 한자를 골랐어요. 최대한 쓰기 편하고 깔끔한 단어를 선택하려고 했고 '친구'와 '사람'이라는 의미를 담았어요.

1층은 책방과 카페, 2층은 팝업 스토어, 3층은 전시 공간으로 운영되고 있어요. 1층에서 판매하는 책을 선택하는 기준이 있나요?

초반에는 단순히 제가 좋았던 책을 골랐어요. 그때는 사진에 관심이 있어서 사진집과 독립 출판잡지, 이 두 분야의 책을 100권가량 두었죠. 그 후 손님들이 점점 많아지면서 이곳에 오는 사람의 취향도 고려하게 됐어요. 이곳에 오는 사람 중

엔 책을 출판하는 아티스트도 있었기에 그들의 책도 판매하기 시작했고요.

그렇다면 지금도 매거진 외에 출판하거나 제작에 관여하는 책이 있나요?

전에는 직접 출판하기도 했는데, 폰딩을 시작한 후에는 제작에 전처럼 신경을 못 쓰고 있어요. 하지만 이 공간이 조금 더 안정되면 다시 시작할 예정이에요.

2층 팝업 스토어와 3층 갤러리는 어떤 주기로 바뀌나요?

고정적인 기간이 있는 건 아니지만 2주에서 4주 정도의 주기로 바뀌어요. 자주 바뀌는 편이다 보니 결과적으로 좀 피로하기도 해요. 최근에 1년 반 만에 큰 변화가 있었어요. 원래는 2층과 3층을 서로 다른 전시를 하는 전시 공간으로만

않도록 노력해요. 전시의 주제에 관해서 토론할 수 있는 작가의 작품을 전시하는 편이에요. 그래도 작가의 열정이 제일 중요한 것 같아요. 주제가 맞지 않더라도 상대방의 열정이 저를 감동시켜서 함께 일하게 되는 경우가 많은 편이에요.

지금은 작가들이 먼저 연락하는 경우도 많을 것 같아요.

초반에는 아니었지만 최근에는 연락을 많이 받고 있어요. 작가 생활을 막 시작한 분도 있고 큰 출판사에 소속된 작가들도 많아요. 공간 자체가 크지 않다 보니 저희와 협업하는 작가들도 전체적으로 젊은 편이에요. 그리고 해외 디자이너나 작가들이 대만 진출의 첫걸음을 이곳에서 시작하기도 하죠. 젊고 아직 인지도가 없는 작가들의 작품을 전시하는 일에는 장단점이 있어요. 장점을 말하자면 소재가 굉장히 신선하고 독창적이에요. 하지만 홍보하기 어렵다는 단점도 있죠. 제가

사용했는데, 2층에 팝업 스토어라는 개념을 추가한 거죠. 커피를 마시면서 작품을 볼 수 있게 앉을 수 있는 테이블을 두었고, 전시를 보고 전시와 관련된 제품을 구매할 수 있어요. 이런 방식의 전시를 늘 하고 싶었거든요. 옛 직장에서는 갤러리에서 일하는 사람을 만날 기회가 많았는데, 갤러리는 굉장히 상업적이거나 예술적인 쪽으로 치우친 경우가 많았죠. 이런 이유로 개성을 내세우기보다 문턱이 낮고 모든 사람이 와서 즐길 수 있는 복합적인 플랫폼을 만들고 싶었어요.

전시를 준비할 때는 어떤 작가를 섭외하려고 하나요?

제 개인적인 취향도 물론 있지만, 일할 때는 최대한 얽매이지

바라는 건 아직 유명하지 않더라도 이곳에서 전시를 시작하면서 더 큰 기회를 얻게 되는 거예요.

지금 3층 갤러리에서 하는 전시는 굉장히 특이해요. 책 자체, 그리고 서점 포스터를 작품으로 전시하고 있죠?

3층에 전시된 작품은 저와 나이가 비슷한 젊은 일본 배급업체에서 온 작품이에요. 예술 관련된 책을 취급하는 'twelvebooks'라는 곳이죠. 타이베이에서 이틀 동안 진행된 아트북 페어에서 처음 이곳의 대표님과 만나게 됐어요. 원래는 인터넷상으로만 알고 있었죠. 그때 만나 함께 하는 전시를 계획했어요. 이곳에서는 그 자체가 예술품으로 가치가 있는

책을 수집해요. 전시하는 책 중에는 원화로 200만원이 넘는 책도 있죠.

한국에도 작은 서점이 많이 생기고, 독립 출판과 관련된 행사가 많이 열리고 있어요. 타이베이의 독립 출판 시장은 어떤지 궁금해요.

전반적으로 이런 시장은 한국이 대만보다 빠르게 조성된 것 같아요. 다만 요즘 흥미로운 현상은, 저를 포함한 제 친구들도 일본 문화에 더 익숙했지만 최근에 한국에도 관심이 많이 생겼다는 거예요. 지금 판매하고 있는 책 중에는 일본에서 출판된 책이 많지만 한국에서 출판된 책도 점점 늘어났으면 좋겠어요.

서로 성격이 다른 서점, 카페, 갤러리, 팝업 스토어를 한 공간에서 운영하는 장점이 있다면요?

타이베이의 사람들은 늘 새롭거나 흥미로운 것을 찾고 있어요. 주말이나 휴가가 있다면, 늘 갔던 곳은 가기 싫어하죠. 그래서 폰딩은 상대적으로 덜 대중적이지만 신선함과 흥미로움을 제공할 수 있다고 생각해요. 카페가 공간의 안쪽에 있기 때문에 처음에 들어오기 어려울 수 있어요. 하지만 책은 사람과 많은 물건을 연결할 수 있는 좋은 매체기 때문에 점점 손님이 많이 찾는 것 같아요.

앉아서 보다 보니 외국인 손님도 꽤 많이 오더라고요.

외국에서 오는 분들이 꽤 큰 부분을 차지해요. 폰딩은 다양한 사람들의 만남이 이루어지는 거점으로 변화하려고 노력해왔고, 결과적으로 사람들이 편하게 와서 얘기를 나눌 수 있는 분위기가 조성되고 있어요.

서점을 운영하고 있지만, 개인적으로 좋아하는 서점이 있을 것 같아요.

시모키타자와 제너레이션下北沢世代[1]라는 독립 서점을 좋아해요. 최근에 운영 방식을 바꿔 금, 토, 일에만 문을 열고 있어요. 타이베이 식물원 근처에 있는 작고 재미있는 서점이죠.

여행을 자주 하나요? 어떤 방식의 여행을 좋아하는지 궁금해요.

최근 몇 년 동안은 거의 출장과 여행이 섞여 있었어요. 보통 새로운 도시를 방문할 때 친구가 소개한 작은 서점, 작은 상점, 작은 카페 혹은 갤러리를 빼놓지 않고 들르죠. 최근에 친구의 결혼식 때문에 서울을 방문했을 때 '북 소사이어티 Book Society'에 갔어요. 북 소사이어티는 서점 위층의 작

은 공간에서 책 전시가 연장되는 점이 좋았어요. 그 뒤편에 있는 사진집 전문 서점 '이라선'에도 방문했고요.

영감을 받고 싶은 여행자에게 추천하는 장소가 있나요?

개인적으로 디화제迪化街[2] 근처에 있는 거리를 추천하고 싶어요. 제가 말씀 드리는 곳은 상권에서 북쪽으로 더 걸어가면 나와요. 그리고 고궁박물관과 가까운 소소원시감각연구실少少原始感覚研究室[3]도 추천하고 싶어요. 디보오에 제인 아키텍츠DIVOOE ZEIN Architects에서 설계한 공간인데, 전통적인 그린하우스 형식으로 되어있어 아름다운 자연을 느낄 수 있죠. 종종 공연과 전시를 하기도 해요. 방문할 때마다 느끼는 경험이 매번 달라요. 전시가 있는 동안은 개방하지만 가끔 전시가 없을 때는 예약을 해야만 방문할 수 있어요.

타이베이가 아니라 타이중에서 살고 있다고 들었어요.

타이중과 타이베이 두 도시에 집을 빌렸어요. 일주일의 반은 타이중에서 지내면서 이곳으로 출근하고 반은 타이베이에서 살아요. 타이중의 도시 분위기를 좋아해서 굳이 살고 있죠.

본인이 생각했을 때 타이베이는 어떤 도시인가요?

객관적으로 타이베이는 굉장히 좋은 도시지만, 오래 살게 되면 어디서나 그렇듯 단점을 발견하게 되기도 해요. 그렇기 때문에 타이베이 사람들에게는 이곳을 사랑하고 또 미워하는 정서가 있죠. 한두 마디로 장단점을 설명하기에 힘든 도시예요. 시간을 투자해서 직접 살아봐야 장점을 몸으로 느낄 수 있는 것 같아요.

[1] 시모키타자와 제너레이션 下北沢世代 Shimokitazawa
    Generations
    facebook.com/shimokitazawa.books

[2] 디화제 迪化街 Dihua Street
    Dihua St, Datong District, Taipei City

[3] 소소원시감각연구실 少少原始感覚研究室 Siu Siu – Lab of
    Primitive Senses
    siusiu.tw

폰딩에서 추천하는
타이베이 독립 출판물 네 권

食物擺態 FOOD POSE
Hsain Jung Chen | thefruitshop.co

식재료의 포즈, 그 포즈를 닮은 도자기. 푸드 포즈는 위트가
넘치는 사진집이다. 작가는 잘 드러나지 않는 일상의 어긋남
을 포착하고 그 속에서 아이디어를 끄집어낸다. 앞면에는 제
나름의 포즈를 취한 대만의 평범한 과일과 채소들이, 뒤에는
그 포즈를 그대로 재현한 도자기의 사진이 실려있다.

lost & found
Amos Chu | amoschu.wixsite.com/amosphere

직접 인센스 스틱을 태워 구멍을 낸 종이와 그림 위에 붙은
흑백 사진 등 독립 출판물이 가진 매력을 모두 담고 있는 책
이다. 독자들이 그저 책을 읽기보다 느끼길 바라는 마음으로
만들어졌다. 화가이자 아티스트인 작가의 손길이 구석구석
닿아 우리가 일상 속에서 잊고 사는 것은 무엇인지 환기한다.

風與髮型 WIND AND THE HAIRSTYLE
Anteng Tsai | facebook.com/tsai.anteng

화가의 그림 속에 등장하는 사물이나 사람은 모두 온전한 형태를 갖추지 못한 '일부'이다. 그 일부와 다른 세계의 일부가 만나 그림 속에서 확장된다. 이 기묘함이 만들어내는 분위기가 화집의 정체성을 설명한다. 화집에 실린 모든 그림은 오일 파스텔로 작업했다.

The Sun's Shadow
Son Ni | nosbooks.com

도형처럼 생긴 사람들이 그림자를 쫓아 뛰어다닌다. 우스꽝스럽기도 하고 안쓰럽기도 한 이 사람들은 이야기가 아닌 하나의 풍경을 떠올리게 만든다. 가죽 같은 표지의 질감과 리소그래프로 인쇄한 내지가 독특하다. 작가인 손 니Son Ni는 아티스트이자 대만 독립 출판물을 발간하고 유통하는 플랫폼 노스 북스nos:books의 대표이기도 하다.

Chen Yichiu
Co-creator of Pon Ding

It's hard to describe Pon Ding in one word. On the first floor, there is a coffee bar and bookstore whose collection ranges from photography and illustration to lifestyle and magazines. There is a pop-up space on the second floor where you can look at exhibitions and purchase goods and an art gallery on the third floor. Since opening its doors in 2016, Pon Ding has developed a reputation as a new platform for artists in Taiwan.

What is your role at Pon Ding?
Three of us, professionals coming from different career paths, created this space together. I worked as an editor for an independent magazine. Initially, I was in charge of designing the space and selecting the books that would be sold at our bookstore.

What is the name of the magazine you worked for?
My Taiwanese friend and I started an independent magazine called "Not Today." In addition to selling it in Taiwan, we've sold it abroad since it's in Chinese and English. It's published four times a year and has released six issues so far.

How did the three of you decide to open this space together?
The two other creators are Kenyon Yeh, my husband, and Yoichi Nakamuta, a designer from Japan. My husband owns the furniture brand ESAILA and four years ago, we met Yoichi by chance at a furniture fair for upcoming furniture designers. Yoichi was very fond of Taiwan and after we became friends, he suggested collaborating with him on a project. We wanted to include all the things we love and that idea gave birth to this space.

Did your husband design all the furniture here?
I am not sure if you can call it designing, but he made all of them. The table we're currently sitting at was first designed by my husband and then outsourced for wood processing. The stand and chair, on the other hand, were designed and built by my husband's company.

What does the name Pon Ding mean?
When we were on a hunt for a location, I really liked this space and the way that the sun shines through the windows. One day while we were setting up the place, a storm hit and flooded the roof. It reminded me of the word ponding, meaning an unwanted pool of water. I wanted this space to be as versatile as water and transform itself every time we staged an exhibition. That's why our logo has a drawing of a puddle as well. For a Chinese name, we picked Chinese letters with a similar sound so it would be easy to write and simple to look at. In Chinese, the characters mean friend and human.

What criteria do you have for selecting the books on the first floor?
Early on, I picked books that I liked. Back then I was interested in photography, so our selection included many independent magazines and photo books. When we started to have more visitors, I began to think about what other people might like, too. We had customers who themselves were artists so we started their books as well.

Besides magazines, are there any other publications you are involved in?
I used to publish books myself, but things have become too hectic since opening Pon Ding. When things settle down, I am thinking about going back to it.

How long do pop-ups and exhibitions last on the second and third floors?
We don't have fixed deadlines but we try to shake things up every two to four weeks. Since we don't have much time between shows, it can be exhausting. Also, there has been a dramatic change in the recent year and a half. We used to have different exhibitions on the second and third floors but we added a pop-up store to the second floor. Because we've added a store, people can enjoy the exhibition and also purchase items related to the show. Previously, I had many opportunities to work with galleries but they were either very commercial or strictly artistic. That's why we wanted this particular platform where art was both accessible and enjoyable.

What do you look for in artists when planning a new exhibition?
Sometimes my personal taste plays a part but for the most part, I try to distance myself from my own preferences at work. When it comes to determining themes, we choose artists and their works through discussion. I think the passion of the artist is what matters the most. Even when their work is not in line with our theme, I like to work with them if their passion is touching or inspiring.

Do artists normally contact you first?
That wasn't the case in the beginning but lately, we are getting a lot of calls. There are some young artists who've just started their careers and others who are more established. Since we are relatively small, artists who collaborate with us are relatively young. There are some international artists who stepped into the Taiwanese art scene by exhibiting with us. Wor-king with emerging artists whose names are still unfamiliar has its ups and downs. On the bright side, their themes are new and unique but it's hard to draw attention from the public. I hope that although they are not well known yet, their showcase here at Pon Ding can help them further their careers.

The exhibition on the third floor was quite compelling. It's about books and bookstore posters, right?

Those pieces are from a Japanese distribution company called Twelve Books that's as old as I am. The company focuses on arts books and I first met the president of the company at a two-day art book fair in Taipei. I had read about the company online but we finally met each other at the fair and planned an exhibition together. The company buys and collects books that are deemed works of art in and of themselves. At the exhibition, there is even a book worth twenty thousand dollars.

In South Korea, many small, independent bookstores are on the rise and there are more and more events involving independent publications. What's Taipei's independent publication market like?

Overall, South Korea was quicker than Taiwan in that sense. What's interesting is that a lot of my friends including myself, who were interested in Japanese culture, have become really interested in Korean culture, too. Pon Ding sells a number of publications from Japan, but we hope to showcase more and more books published in South Korea as well.

What's an upside to running these distinct spaces (like the bookstore, café, gallery and pop-up store) in one location?

People in Taipei are always on the lookout for something new and interesting. On weekends or during vacations, they don't want to revisit places they have already been to. That's what Pon Ding has to offer. It's relatively less popular but refreshing and intriguing at the same time. Since our café is quite far from the entrance, people may find it intimidating to come in. But books are great vehicles for connecting people to products and that's the allure of Pon Ding.

I also noticed there are quite a lot of foreign customers.

Foreigners make up a large portion of our clientele. Because of our efforts to make this establishment a meeting point for people, Pon Ding has been able to foster a welcoming environment for talking and hanging out.

What's your favorite bookstore – other than your own?

I love the independent bookstore Shimokitazawa Generations(下北沢世代). They recently changed their business hours to being open only from Friday to Sunday but it is a small and interesting store near the Taipei Botanical Garden.

Do you travel a lot? What do you do when you travel?

In recent years, I've been on a mix of business trips and personal ones. Generally speaking, whenever I visit a foreign city, my must-go list includes small bookstores, small cafés and galleries that my friends recommend. I recently had a chance to visit Book Society in Seoul when I was in the city for my friend's wedding. I also dropped by the photography bookstore Irasun.

For tourists looking for inspiration, are there any places you would like to recommend?

I would like to recommend the area around Dihua Street(迪化街). Walk north from the commercial district to see the area that I mean. You should visit Siu Siu – Lab of Primitive Senses(少少原始感覚研究室) by the Ancient Palace Museum. The space was designed by DIVOOE ZEIN Architects and has a traditional greenhouse-like structure. It sometimes holds a performance or an exhibition. It feels different each time I visit the space. The place is open to the public when there is an on-going exhibition, but when there isn't, you need to make a reservation in advance.

I heard that you live in Taichung, not in Taipei.

I have a space both in Taichung and Taipei. I spend half the week in Taichung and half the week in Taipei. I love Taichung so much, so I am asking for trouble.

How would you describe Taipei as a city?

Taipei is a wonderful city to live in but the longer you stay, the more flaws you will discover just like elsewhere. I think that's why residents here love and hate Taipei. Taipei is a place that cannot be described in one or two words. You have to invest time here and feel the charms of this city firsthand.

Bookstore, Library

and Paper Shop

Words & Photography **Lee Hyuna**

Artland Bookstore

亞典藝術書店

A. No. 122, Section 3, Ren'ai Road, Da'an District, Taipei City
H. artland.com.tw **T.** +886 2 2784 5166

'아트랜드'는 사진집, 회화, 건축, 디자인 등을 다루는 예술 서적 전문 서점이다. 한 수집가가 오래 가꾼 듯한 분위기를 느낄 수 있는 곳으로 잠시 책을 보고 자리를 뜨는 사람은 거의 없다. 책을 들여다보는 사람들의 등이 특히 아름다운 서점이다. 한쪽 벽면에서는 전시를 하기도 하며, 카페가 함께 있어서 조용히 커피를 마시기에도 좋다.

BOOKSTORE

VVG Thinking

好樣思維

A. No. 100, Hangzhou North Road, Zhongzheng District, Taipei City
T. +886 2 2322 5573

'VVG'는 1999년 VVG Bistro를 시작으로 서점, 레스토랑, 카페 등 다양한 형태의 사업을 하는 라이프스타일 그룹이다. 타이베이 내에 다양한 매장이 있다. 그중 'VVG Thinking'은 레스토랑과 소품 숍, 서점이 함께 있는 공간이다. 책은 물론 빈티지 소품과 대만 작가들의 작품까지, 생활에 활력을 더해주는 물건들이 함께 자리한다.

BOOKSTORE

Shimokitazawa Generations

下北沢世代

A. No. 141, Section 2, Heping West Road, Zhongzheng District, Taipei City
H. shimokitazawa-books.com

BOOK

'시모키타자와 제너레이션'은 이곳을 운영하는 그래픽 디자이너 모니크가 직접 발굴한 작가들의 책을 파는 작은 책방이다. 예술, 창작 관련 서적을 주로 다루며 금·토·일요일에만 영업한다. 비밀스러운 공간과 어우러지는 주인의 감각을 느낄 수 있는 곳으로 종종 작은 전시가 열리기도 한다.

BOOKSTORE

Zeelandia Travel & Books

旅人书房

A. No. 12-2, Lane 12, Qingtian Street, Da'an District, Taipei City

H. facebook.com/zeelandiabookshop   **T.** +886 2 2322 4772

여행지에서 방문하는 여행 책방은 색다른 감흥을 준다. 풀이 많은 건물 2층에 자리한 이곳은 서점인 동시에 여행자들의 쉼터가 되기도 한다. 이방인이어도 충분히 괜찮은 곳이다. 벽면의 창가 자리나 깊숙한 구석의 조용한 테이블에 앉아 책을 펴놓고 커피와 맥주를 즐기는 오후는 꽤 근사하다.

Garden City Publishers & Bookstore

田园城市风格书店

A. Lane 72, Section 2, Zhongshan North Road, Zhongshan District, Taipei City
H. facebook.com/gardencity.bookstore **T.** +886 2 2531 9081

BOOK

출판사에서 운영하는 서점으로, 이곳에서 출판하는 책은 물론 대만 작가들의 독립출판물과 디자인 상품을 함께 만날
수 있는 곳이다. 1층과 지하 1층에 각각 다른 분위기의 공간이 있어, 때마다 오는 기분이 다르다. 운영진이 일본에서
수집한 고서 코너를 보는 재미 또한 쏠쏠하다.

BOOKSTORE

YUE YUE & Co.

A. No. 133, Guangfu South Road, Xinyi District, Taipei City
H. facebook.com/yueyue.company   **T.** +886 2 2749 1527

송산문창원구의 담배 공장을 개조한 북카페로, 타이베이란 도시 자체가 그렇듯 오래된 것과 새것이 조화로운 공간이다. 오래된 학교 교실에 들어온 듯한 나무 바닥의 삐걱거림, 연주할 수 있는 피아노가 인상적이다. 서점 자체도 충분히 좋지만 바로 옆의 호숫가를 거닐며 산책을 한다면 이 공간이 조금 더 넓게 느껴질 것이다.

BOOKSTORE

Lightbox
攝影圖書室

A. 3F, No. 5-1, Kinmen Street, Zhongzheng District, Taipei City
H. lightboxlib.org   **T.** +886 2 2367 8161

대만의 사진가들이 궁금하다면 '라이트박스'에 가길 바란다. 작은 도서관의 형태를 띤 이곳은 사진에 관해 넓은 범위의 이야기가 오가는 새로운 플랫폼이다. 대만 사진가들의 사진집을 따로 아카이빙 하고 있으며, 스태프들이 모은 다양한 사진집을 보고 구매할 수 있다. 사진가를 초청해 대화 프로그램을 진행하거나, 강의를 열기도 한다. 프로그램은 홈페이지에서 확인할 수 있으며 건물 1층과 2층은 카페로 시간을 오래 보내기에도 좋다.

LIBRARY

Boven

杂志图书馆

A. No. 18, Alley 5, Lane 107, Section 1, Fuxing South Road, Da'an District, Taipei City
H. facebook.com/boven437   T. +886 2 2778 7526

143

'보븐'은 입장료만 내면 온종일 잡지를 볼 수 있는 매거진 라이브러리이다. 디자인, 예술, 패션, 라이프스타일 등 다양한 분야의 매거진이 아름답게 진열되어 있다. 넓은 테이블, 편안한 의자와 소파, 그리고 커피와 책. 생각만으로도 마음이 풍성해진다. 여행을 시작하기 전 이곳에서 대만에 관한 잡지를 추천받아보면 어떨까.

LIBRARY

Not Just Library

不只是圖書館

A. No. 133, Guangfu South Road, Xinyi District, Taipei City
H. facebook.com/TDCDesignLibrary   T. +886 2 2745 8199#322

송산문창원구 안에 위치한 이곳은 이름 그대로 단순히 도서관이라고 칭할 수 없는 공간이다. 창작하는 누구에게나 영감을 줄 수 있는, 2만여 권 이상의 책과 잡지가 빼곡하다. 입구의 작은 공간에서는 젊은 디자이너들과 예술가들의 작품 전시가 열린다. 입장료를 내고 이용할 수 있으며 1일권도 판매한다.

VVG Chapter

文房 Chapter

A. No. 1, Lane 27, Linyi Street, Zhongzheng District, Taipei City
H. vvgchapter.com.tw   **T.** +886 2 2341 9662

책은 어디서나 읽을 수 있지만 동시에 어디에서도 읽기 힘든 것이기도 하다. 이곳은 독서와 멀어지는 사람들을 위해 만들어진 도서관으로 일제강점기에 지어진 건물을 개조한 공간이다. 활자의 풍경만큼이나 아름다운 뜰이 있는 이곳은 대만 편백으로 지어져 지긋한 나무 향이 내부를 감돈다. 하루 네 번, 두 시간에 한 번씩 열두 명만 입장할 수 있어 인터넷을 통한 예약이 필수다. 만 15세 이상만 예약이 가능하다.

LIBRARY

Beitou Public Library

臺北市立圖書館北投分館

A. No. 251, Guangming Road, Beitou District, Taipei City
H. tpml.edu.tw **T.** +886 2 2897 7682

BOOK

온천 지역에 있는 베이터우 시립도서관은 베이터우 공원의 중심부에 있다. 목조로 만들어진 건물 어디에 앉아도 창 밖으로 푸른 풍경이 펼쳐진다. 공원을 향해 길게 뻗은 테라스에 앉으면 자연과 책을 동시에 즐길 수 있는 가장 완벽한 장소가 된다. 별도의 입장료나 신분증 확인 없이 들어갈 수 있으며, 도서관을 방문한 후에는 온천을 즐기는 것도 좋은 코스가 될 것이다.

LIBRARY

Koo Chen Fu Memorial Library

國立臺灣大學社會科學院圖書館

A. No. 1, Section 4, Roosevelt Road, Da'an District, Taipei City
H. facebook.com/ntukoolib   T. +886 2 3366 8300#55600

일본 건축가 이토 토요Ito Toyo가 지은 구천푸 선생 기념도서관은 건축을 좋아하는 사람이라면 들러볼 가치가 있다. 둥글게 휜 책장 자체가 도서관의 구조가 되고 천장으로 스며드는 듯한 흰 기둥이 아름다운 곳이다. 도서관 외벽을 따라 거닐면 책 읽는 사람들이 자아내는 고요함 덕분에 절로 발걸음이 느려진다. 국립타이완대학교 내부에 있으며 입장 시 신분증이나 여권이 있어야 한다.

Suho Paper Memorial Museum

樹火紀念紙博物館

A. No. 68, Section 2, Chang'an East Road, Zhongshan District, Taipei City
H. suhopaper.org.tw   **T.** +886 2 2507 5535

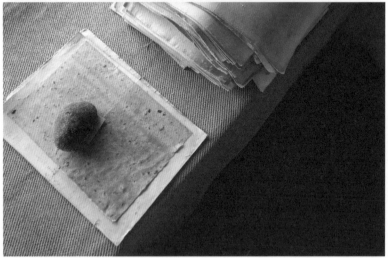

종이를 사랑하는 사람들에게 천국 같은 박물관이다. 종이의 역사를 되짚어볼 수 있는 전시가 열리고 직접 종이를 만들 수 있는 워크숍도 진행된다. 어른과 아이 모두 참여할 수 있다. 간단하게 집에서 종이를 만들어볼 수 있는 키트와 함께 다양한 종류의 종이도 판매하고 있다.

PAPER SHOP

Pinmo Pure Store

品墨良行

A. No. 63, Yongkang Street, Da'an District, Taipei City
H. pinmo.com.tw   T. +886 2 23584670

여행지에서 기념품을 살 때면 늘 고민하게 된다. 그럴 때 타이베이의 햇빛을 담은 노트를 선물하는 것은 어떨까. '핀모량싱'은 종이와 관련된 소품을 판매하는 상점이다. 직접 종이와 제본 방식을 골라서 노트를 만들 수도 있다. 볕에서 자연스럽게 종이가 바래도록 해 숫자를 적은 노트도 좋은 선물이 될 것이다.

PAPER SHOP

Ri Xing Type Foundry
日星鑄字行

A. No. 13, Lane 97, Taiyuan Road, Datong District, Taipei City
H. rixingtypography.blogspot.tw **T.** +886 2 2556 4626

흰 벽으로 둘러싸인 곳에서만 전시할 수 있는 것은 아니다. '르싱주쯔항'은 대만에서 유일하게 남아있는 활자 공장이며 동시에 일반인에게 개방되는 일종의 박물관이다. 여전히 활자를 만들어내는 이곳은 쇠와 잉크 냄새와 고집스러운 시간이 전시되는 곳이다. 원하는 활자로 간단한 도장을 만들 수도 있다.

Tea

Chen Kuan Lin

TEA

Manager at Yo-chen Tea
하젠회, 유소자탕의 매니저

Editor Kim Hyewon
Photographer Oh Jinhyeok

유산차방遊山茶訪Yoshan Tea은 난터우南投 지방에서 시작된 대만의 대표적인 차 브랜드다. 1880년부터 지금까지 6대째 그 전통과 가치를 이어오고 있다. 우롱차 중 하나인 난터우의 다원에서 재배하고 제조한 동딩우롱차凍頂烏龍茶로 잘 알려져 있다. 난터우에 본사와 차 박물관을 두고 있으며, 타이베이에서는 유일하게 다안구大安區에 위치한 쇼룸에서 유산차방의 차를 맛보고 구매할 수 있다. 영국과 미국, 일본 등지에도 지점이 있다.

유산차방은 100년이 넘는 역사를 갖고 있으면서 차의 재배부터
제조와 판매까지 모두 담당하는 거의 유일한 회사예요.

오랜 시간 동안 찻잎을 채취하고 제조하며 쌓은 경험이 맛의 차이를 만들어요.

또한 우리는 산속에서 차를 재배하며 생긴
즐거운 이야기를 소비자들과 나누려고 해요.

대만의 차 문화는 진지한 면도 있지만 차는 가볍고 쉽게 즐길 수도 있거든요.

유산차방과 당신에 대해 소개해주세요.

유산차방은 6대째 이어온 가족 사업이에요. 저는 여섯 번째로 이 사업을 이어받을 예정이죠. 아직 유산차방에 대해 배워나가는 단계인데, 굳이 직급을 부여하자면 매니저에 가까워요. 전반적인 생산과 제조 관리, 마케팅을 담당하고 있어요. 차를 더 깊이 이해하기 위해 대학에서는 생물학을 전공했고요.

어릴 때부터 차와 관련된 일을 할 거라고 생각했나요?

네. 저는 태어나자마자 차를 마셨어요. 제가 태어난 난터우에서는 갓난아이에게 차를 먹이는 전통이 있거든요. 저와 차의 인연은 이때부터 시작된 거죠(웃음).

유산차방의 타이베이 쇼룸인 이곳 다안칭티엔회소大安青田會所는 어떤 공간인가요?

대만 시골 사람들이 가진 차에 대한 열정을 체험하는 곳이에요. 우리는 손님이 신발을 벗고 안으로 들어오기 전에, 손님을 맞이하며 "어서 오세요. 오셔서 차 한잔 하세요."라고 말해요. 그러면 어떤 손님은 꼭 차를 사러 들어온 것이 아니라고 말하며 미안하게 생각하죠. 우리는 그래도 좋으니 차 한 잔 마시고 가라고 해요. 이게 바로 우리의 열정이에요(웃음). 그리고 물론 유산차방에 대해 알리는 곳이고요.

타이베이에서 유산차방을 만날 수 있는 유일한 곳이에요. 이 공간을 만들며 신경 쓴 부분은 무엇인가요?

이곳을 선택한 거요. 이 건물은 대만 정부에서 지정한 고적이에요. 그렇기 때문에 많은 것을 바꿀 수 없었어요. 누수, 개미, 나무가 썩는 것. 이런 문제들이 여전히 신경 쓰여요.

그런데도 이곳을 사수한 이유는 문화적인 분위기가 풍기는 곳이기 때문이에요. 건물의 역사도 그렇고요. 동네 분위기도 조용해서 차와 잘 맞는다고 생각했어요.

유산차방은 어떤 차 브랜드인가요? 1880년부터 차를 재배했다고요.

유산차방이라는 이름은 2002년부터 사용하기 시작했어요. 그 전까지는 브랜드가 없었죠. 단순히 차를 만드는 공장이었어요. 유산차방은 우리가 원래 하던 일을 묘사한 단어예요. '유산遊山'은 산에 놀러 간다는 뜻이고 '차방茶訪'은 그 지역의 차를 마시기 위해 방문한다는 뜻이죠.

오랜 가족 사업을 브랜드화하게 된 계기가 있나요?

원래는 다원을 갖고 있고 차를 제조하고 찻집에 차를 대량으로 판매하는 곳이었어요. 그런데 동네의 한 단골 분이 아버지께 차의 품질은 좋은데 그냥 봉투에 담아주니 주변 사람에게 선물하지 못해 아쉽다는 이야기를 하셨대요. 그것이 계기가 되어 우리만의 브랜드를 만들게 되었어요. 아버지께서는 자신의 차 제조 기술을 믿고 산에서 내려와 차로 유명한 대만의 명산들에 다원을 만들고 차를 제조하기 시작하셨죠.

브랜드를 정립하며 중요하게 생각한 가치는 무엇인가요?

유산차방의 철학은 크게 네 가지로 나눠 설명할 수 있어요. 첫 번째는 '안심'이에요. 10년 전까지만 해도 대만에서는 차를 재배하는 과정에서 농약을 사용하는 것에 대해 크게 신경 쓰지 않았어요. 최근에야 농약 사용에 대한 규정이 생겼죠. 하지만 우리는 그 전부터 회사 내부에 작은 실험실을 만들어 판매하는 차의 성분을 검사하고 신경 썼어요. 소비자가 농

약에 대해 '안심'하고 차를 마실 수 있게요. 두 번째는 '참신'이에요. 20년 전부터 우롱차에 장미꽃이나 계화(목서나무의 꽃) 등을 섞었고, 새로운 것을 위해 계속 연구해요. 세 번째는 '천연건강'이라고 할 수 있어요. 우롱차의 기본은 위를 상하지 않게 하는 거예요. 원가를 절감하기 위해 발효 시간을 줄이는 등 제조 과정을 철저히 하지 않는 곳들이 있어요. 과정을 생략하면 위를 상하게 하는 우롱차가 돼요. 제조 과정을 잘 지켜서 건강에 좋은 차를 만들겠다는 거예요. 마지막은 '전문성'이에요. 차의 제조 과정은 자동차를 타고 여행하는 것과 비슷해요. 어디에 서느냐에 따라 볼 수 있는 풍경이 다르죠. 가장 멋진 풍경을 볼 수 있도록 컨트롤하는 것이 중요해요. 찻잎에서 차가 될 때까지, 사실 색깔은 별 차이가 없어요. 그래서 초보자가 각각의 단계에서 색깔로 상황을 판단하기 쉽지 않죠. 경험에서 나온 전문성이 있어야 좋은 차를 만들 수 있어요.

전문성을 유지하기 위해 노력하는 부분이 있나요?
사실 경험과 전문 지식을 다른 공장이나 찻집과 공유해요. 대만의 차 산업 또한 프랑스의 와인 산업과 같이 많은 이들이 좋은 품질의 차를 만들어야 하나의 특색으로 자리 잡을 수 있다고 생각하기 때문이죠.

그렇다면 유산차방만의 특징은 무엇인가요?
유산차방은 100년이 넘는 역사를 갖고 있으면서 차의 재배부터 제조와 판매까지 모두 담당하는 거의 유일한 회사예요. 오랜 시간 동안 찻잎을 채취하고 제조하며 쌓은 경험 그 자체가 맛의 차이를 만들어요. 또한 우리는 산속에서 차를 재배하며 생긴 즐거운 이야기를 소비자들과 나누려고 해요. 대만의 차 문화는 진지한 면도 있지만 차는 가볍고 쉽게 즐길 수도 있거든요.

가벼운 분위기라면 차를 즐기는 데 다구茶具가 그리 중요할까요? 다구 때문에 차를 마시는 게 조금은 복잡하고 어렵게 느껴져요. 지금 여기에도 여러 다구가 보이기도 하고요.
우리가 사용하는 다구를 보여드리는 것이지 꼭 규정된 다구를 사용해서 차를 마셔야 한다는 건 아니에요. 차를 마시는 것 자체가 가장 중요하기 때문이죠. 차가 일상을 더욱 즐겁게 만든다고 믿고 이것을 알리고 싶어요. 예를 들어 차를 알게 되면 다구를 알게 되고, 다구를 알게 되면 예술을 알게 되죠(웃음).

유산차방이 시작된 난터우 동딩에 있는 다원의 규모는 큰 편에 속하나요?
난터우의 다원은 규모가 작은 편이에요. 유산차방의 규모가 크다는 것은 모든 다원을 합쳤을 때의 면적을 말하는 거예요. 작은 다원들이 전국 곳곳에 퍼져있어요.

난터우가 차나무를 재배하기 좋은 이유는 무엇인가요?
난터우 산의 높이, 날씨, 흙의 성분 덕분이죠. 우롱차를 재배하기 적당한 높이는 해발 700미터에서 1500미터 사이에요. 난터우 동딩의 산은 해발 800미터 정도예요. 이 높이에서는 온도가 적당하고 햇빛을 가리기에 충분한 양의 안개가 있죠. 햇빛이 너무 강하면 차 맛이 써지고, 햇빛이 너무 없으면 차 맛도 없어져요. 흙이 중요한 이유는, 차나무를 재배하려면 배수가 잘 되어야 하기 때문이에요.

난터우 유산차방 본사에 있는 주산차문화관竹山茶文化館(차박물관)도 인상적이에요.
대만의 차와 차 제조 과정을 소개하는 박물관이 없어서 만들었어요. 중국어, 일본어, 영어로 무겁지 않은 분위기에서 차를 소개하고 있어요.

새가 그려진 로고가 참 예뻐요. 로고는 어떤 의미인가요?

로고 속 새는 유히나褐頭鳳鶥(Taiwan Yuhina)라는 새예요. 차나무가 자라는 해발 고도와 비슷한 높이에서 살죠. 난터우 다원에서 찻잎을 딸 때 이 새를 자주 볼 수 있어요. 우리가 차를 찾으러 갈 때 새도 차를 찾으러 가는 거예요. 우리는 대만 우롱차에 자부심을 갖고 있어요. 이 새는 대만에만 있는 종이라 더욱더 로고로 적합하다고 생각했어요. 한 가지 더, 이 새는 무리 지어 생활하는 특징이 있어요. 우리 산업도 이런 의식을 갖고 함께 발전했으면 좋겠다는 의미도 담았어요.

그동안 타이베이의 많은 찻집을 갔는데, 모두 우롱차를 추천했어요. 대만 사람들에게 우롱차는 어떤 의미인가요?

우롱차는 대만 사람들의 일상에서 빠질 수 없는 음료이고 사람과 사람을 연결하는 매개체라고 생각해요. 모든 음료가 이런 역할을 할 수도 있어요. 하지만 일상의 큰 부분을 차지한 이유가 분명 있어요. 우롱차는 많이 마셔도 속이 쓰리지 않고 옛날에는 우롱차로 배를 채우기도 했어요. 우롱차를 마시면 배가 불렀거든요. 배가 고프다고 하면 아버지께서 진하게 우린 우롱차를 마시라고 했죠. 대만에서는 많은 사람이 대화를 나눌 때 커피가 아닌 차를 마셔요. 차를 우리고 마시는 과정이 사람의 마음을 진정시키고 편안한 분위기를 만들어주기 때문이에요. 지금처럼요(웃음).

여러 차 중에서도 우롱차가 대만의 대표적인 차가 된 이유가 궁금해요.

대만에서 생산되는 차의 90퍼센트가 우롱차이고, 8퍼센트가 홍차, 나머지 2퍼센트가 녹차예요. 대만의 차 문화는 200년 정도로 길지 않아요. 하지만 그 시간 동안 우롱차 개발에 집중했어요. 그렇기 때문에 기술을 발전시킬 수 있었고 품질 좋은 우롱차를 생산하게 됐어요.

우롱차는 어떻게 만들어지나요?

우롱차의 제조 과정을 알려면 발효를 알아야 해요. 일반적으로 '발효'라는 말을 들으면 제빵의 발효를 떠올릴 텐데요, 전혀 다른 과정이에요. 찻잎의 발효는 산화와 가까워요. 시작점은 녹차고 종착점은 홍차죠. 발효 정도에 따라 결과가 달라지는 거예요. 바나나를 떠올리면 쉬워요. 바나나가 숙성되기 전에는 녹차처럼 초록색을 띠지만 공기에 오래 노출되면 홍차처럼 진한 색깔로 변하잖아요.

유산차방에서 선보이는 차에는 어떤 종류가 있나요?

먼저, 대만의 우롱차를 대표하는 동딩우롱차가 있어요. 그리고 해발 1000미터 이상에서 재배된 고산차高山茶가 있죠. 해발 2300미터가 넘는 리산梨山에서 자란 차도 있어요. 대만에서 가장 높은 해발 고도에서 자란 차예요.

고산차도 우롱차인 거죠?

맞아요. 차의 이름에는 차가 재배된 지명이나 찻잎을 딴 계절을 붙여요. 봄에 나온 차와 겨울에 나온 차는 조금 다르거든요.

당신이 가장 좋아하는 차는 무엇인가요?

저는 개인적으로 진한 차를 좋아해요. 하나를 꼽자면 탄향우롱차炭香烏龍茶라고 하는, 불로 태운 맛이 나는 우롱차요. 보통 점심 식사 이후부터 잠들기 전까지 이 차를 마셔요. 카페인이 적고 맛과 향, 특히 끝맛이 굉장히 좋아요.

일하지 않을 때는 무엇을 하며 시간을 보내나요?

생물, 화학, 예술 등 관심을 두고 있는 분야가 많아요. 관심 분야와 관련된 책을 읽거나 관련된 장소를 찾아 그 분야에 대해 공부해요.

관심 분야와 관련된 곳 중 당신이 좋아하는 장소를 몇 군데 추천해줄 수 있나요?

예술과 관련된 장소 두 곳을 추천하고 싶어요. 먼저, 고궁박물원故宮博物院[1]이에요. 저는 일 년에 네 번 정도 해외에 나가는데, 도착하면 제일 먼저 박물관에 가요. 그때마다 오히려 고궁박물원의 소장품이 정말 많고 좋다고 느꼈어요. 고궁박물원에서는 여요汝窯라고 하는 도자기를 꼭 보세요. 여요는 전 세계에 72개가 있는데, 이 고궁박물원에 있는 여요가 가장 잘 보존되어 있어요. 두 번째는 융캉제永康街부터 칭티엔제青田街, 룽쉔제龍玄街 사이의 구역이에요. 이곳에 작은 갤러리가 많아 시간을 보내기 좋아요. 그리고 발레 공연을 보기 위해 중정기념당中正紀念堂[2] 옆에 있는 오페라홀도 자주 찾아요.

[1] 고궁박물원 故宮博物院 National Palace Museum
npm.gov.tw

[2] 중정기념당 中正紀念堂 Chiang Kai Shek Memorial Hall
cksmh.gov.tw

Chen Kuan Lin

Manager at Yoshan Tea

Yoshan Tea is a well-known tea brand established in Nantou County, Taiwan. Founded in 1880, the brand's traditions and values have been passed down for six generations. While the brand's headquarters and tea museum are still situated in Nantou County, Yoshan Tea also has a showroom in Da'an, Taipei.

What is your role at Yoshan Tea?

Yoshan Tea is a family business and one day, I'll be in charge but for now, I am still learning about the tea myself. If I have to give myself a title, I guess I would say I'm manager of overall production, manufacturing, and marketing. In college, I majored in biology to better understand tea.

What kind of service does Da'an Qing Tian Club(大安青田會所) offer?

Here customers can experience the passion Taiwanese tea growers have for their products. We greet our customers at the entrance, welcoming them to come in and have a cup of tea even before they take off their shoes and step inside. Some people refuse the offer, feeling intimidated by the offer and say that they are not here to buy anything. We offer them a cup of tea regardless since they are guests to our tea store. This shows how passionate we are about our tea(laughs). We also promote Yoshan Tea.

This is the one and only place in Taipei where people can drink Yoshan Tea. What did you have in mind when creating the showroom?

We considered the location. This building was designated as a historic site by the Taiwanese government, which prevented us from making too many changes to the building. We also had a problem with leaking water, ants and rotting wood. It still worries me(laughs). Despite such drawbacks, I could not let go of this building because I loved the cultural background it has as well as its rich history. I also felt like the calmness of the neighborhood went well with the tea.

Tell us about Yoshan Tea. I heard that Yoshan Tea has been making tea since 1880.

We started going by the name Yoshan Tea in 2002. Prior to that, we didn't have a brand so to speak. We were just a tea manufacturer.

What inspired you to turn your longstanding family business into a brand?

As I explained, our family has been running tea plantations, manufacturing tea and mass-producing it for a long time. One day, one of our regulars told my dad that he wished our tea came in fancier packaging so he could gift it to his friends.

That customer's comment inspired us to become a tea brand. My father has always had faith in his ability to produce tea and he started to build more tea plantations and started manufacturing more tea.

What are some of the values you put into the brand?

There are four pillars to our philosophy: trust, innovation, natural health and expertise. The first is trust. Previously, farmers didn't really care about pesticide use. It has only been a decade since the government introduced regulations on the matter. Even before the laws, Yoshan Tea established a small lab in our company to run tests on tea and its ingredients. The second is innovation. Yoshan Tea has studied tea blending for the last two decades. For example, we came up with a blend that combined oolong tea with roses or cassias flowers. We are always continuing our search for new brews. The third is natural health. The basic rule for oolong tea is that it must be easy on the stomach. Some tea manufacturers take shortcuts by reducing fermentation time in order to cut down on production costs. However, skimming such a critical step in the tea making process can result in an oolong tea that can do harm to the stomach. That's why we stick to the traditional process and make good, healthy tea. The fourth is expertise. Tea making is a lot like traveling in a car. Where you stop effects the quality of your view or in the case of tea, the quality of the taste. It is important to control the process precisely in order to get the best taste. In fact, the color of tea leaves do not change much during the brewing process. It is quite difficult for a novice to notice the subtle differences taking place during the process just by looking at the color of tea leaves. Thus, it takes expertise with significant experience to produce a good tea.

How can you gain expertise in this field?

We share our knowledge and experience with other factories and tea houses. Like the wine industry in France, I believe that the tea industry in Taiwan can be recognized as a distinct culture if tea manufacturers can collectively produce high quality tea.

What sets Yoshan Tea apart from other tea brands?

The history of Yoshan Tea dates back more than a century and it is the only tea brand that directly oversees the entire tea making process from tea cultivation to sales. It is our long history of picking tea leaves and manufacturing teas that makes the difference in taste. We also try to share the stories of our mountain adventures with our customers. The tea culture in Taiwan can be both enjoyed leisurely and taken seriously.

When enjoying tea leisurely, do tea utensils carry less importance? Sometimes, drinking tea seems complicated because of how many utensils it requires. We have a lot of them here in front of us.

These are to demonstrate the way we use tea utensils, not to have customers follow a strict order about the tools. What is that you enjoy your tea. We believe that tea makes everyday life more delightful and want to promote our belief. For instance, once you begin to understand tea, life becomes a bit richer and you begin to appreciate things like the tea ceramics and tea utensils. Art, in general, will begin to have more meaning.

Dong Ding(凍頂) in Nantou County is the birthplace of Yoshan Tea. How big is the plantation in the region?

That tea plantation in Nantou County is relatively small in size. We say that Yoshan Tea has vast tea plantations based on the cumulative size of all the farms. They are scattered across the country.

What makes Nantou County right for tea cultivation?

The height of the Nantou Mountains, the weather and the soil conditions. The best altitude for oolong cultivation is between 700 meters and 1,500 meters. The Dong Ding Mountain in Nantou County is 800-meter high, which means it has the proper temperature and enough fog to create enough shade for tea shrubs. When the sun is too strong, the tea becomes bitter. When it's too weak, there is not enough flavor. The soil conditions are critical because drainage plays an important role in growing tea plants.

The Yoshan Tea Museum at the Nantou headquarters was quite impressive.

Since there was no museum introducing Taiwanese tea and the tea making process, we decided to make one. We give explanations in Chinese, Japanese, and English.

I visited a great number of tea houses in Taipei and they all recommended oolong tea. What significance does oolong tea have to Taiwanese people?

Oolong tea is crucial to the daily lives of Taiwanese people and it is a medium that helps connect people to people. Any drink can do the same, but oolong tea is different because it's easy on the stomach and fills you up. In the past, my dad used to tell me to drink strongly brewed oolong tea when I felt hungry. In Taiwan, people meet over a cup of tea, not coffee. The process of brewing and enjoying tea calms you down and sets a relaxing atmosphere for a conversation. Just like right now(laughs).

Of all the teas, how did oolong tea become representative of tea in Taiwan?

90% of the tea produced in Taiwan is oolong tea. 8% is black tea and 2% is green tea. Despite the relatively short history of Taiwan's tea culture (only 200 years), we have been able to produce high quality oolong tea by focusing in on this particular type of tea.

How do you make oolong tea?

In order to understand the oolong tea making process, you need to understand fermentation. People tend to think of bread when they think of fermentation, but tea has a totally different process involving oxidation. It starts as green tea and moves towards black tea. The results vary by degree of fermentation. Take a banana before it ripens, it is as green as green tea and then gradually features a deeper color, that of black tea, as it continues to be exposed to the air.

What are some teas available at Yoshan Tea?

We have the Dong Ding oolong tea(凍頂烏龍茶), a tea representative of Taiwan and the Gao Shan tea(高山茶) that was grown at altitudes of 1,000 meters and higher. We also have another tea that was raised in Li Shan(梨山) at an altitude of more than 2,300 meters from sea level. The Li Shan tea is grown at the highest altitude in Taiwan.

Is Gao Shan tea a type of oolong tea?

Yes. When we name a tea, we name it after the region it was grown or the season it was picked. Spring tea tastes different from winter tea.

What is your favorite tea?

I personally prefer tea with a rich flavor. One example is a smoky oolong tea that has a tinge of smokiness to it. I usually drink this after lunch or before going to bed. It is low in caffeine and has a great taste and aroma. It's especially great as a final taste.

What do you like to do when you are not working?

I am interested in all sorts of things like biology, chemistry and the arts. I spend a lot of time reading books on these subjects or study them on my own by visiting places.

Do you have any places in particular that you'd like to recommend?

I would like to make two recommendations. First, the National Palace Museum(故宮博物院). I travel abroad four times a year and I always make it a habit to visit a museum. Every time I visit another museum, I realize what a wonderful and extensive collection the National Palace Museum has. Next, I'd like to recommend the district that stretches from Yong Kang Street(永康街) to Qing Tian Street(青田街) and Long Xuan Street(龍玄街). The district features a series of small galleries, which makes it the best place to spend the day. I also watch ballets at an opera hall next to the Chiang Kai Shek Memorial Hall(中正紀念堂) quite regularly.

Hsieh Hsiao Man

Tea Master at the Xiaoman Tea Experience

쎄샤우만, 티 마스터

Editor **Lee Hyuna**
Photographer **Oh Jinhyeok**

샤우만 티 익스피리언스小燴Tea Experience는 '차茶'를 마신다는 행위의 즐거움을 알려주는 곳이다. 티 마스터가 직접 건강한 찻잎을 정성스레 고르고, 어린 시절 살았던 집을 다시 가꿔 찻집 겸 갤러리로 열었다. 고요한 분위기 속에서 차 한 잔이 주는 온전한 평화를 누릴 수 있는 곳이다.

제가 제일 좋아하는 순간은 두 번째 잔을 마실 때죠.

첫 잔을 마실 때는 차의 향은 어떤지, 목넘김은 어떤지 잘 알 수 없어요.

두 번째 혹은 세 번째 잔을 마실 때

찻잎의 원래 색깔과 향기를 잘 느낄 수 있어요.

먼저 이름에 관해 묻고 싶어요. 어떻게 동명의 이름을 쓰게 되었나요?

제 이름은 쎄샤우만謝小慢이에요. 이름 자체가 '조금 느리다'라는 의미를 담고 있어 결정하게 됐어요. 현대인들의 생활 속도에 맞춰 빠르게 차를 마시면 차의 맛을 제대로 느끼기 어려워요. 이곳에서, 우리가 내는 차를 천천히 마시면서 여유를 가졌으면 하는 마음으로 이름을 정했죠.

샤우만에서 일하기 전에는 어떤 삶을 살았나요?

전에는 평범하게 주부로 살았어요. 학생 때 일본에서 공부를 했고 패션업계, 은행에서 일을 하기도 했죠.

'차茶'를 다루는 일을 해야겠다고 생각한 계기가 있었나요?

1998년에 일본에서 대만으로 돌아왔어요. 돌아온 후 몇 년 동안 엄마의 역할을 해냈죠. 그런 과정에서 차를 접하게 됐어요. 차를 직접 끓여 먹는 생활을 하며 자연스레 공부도 했고요. 제가 마흔쯤, 아이들이 충분히 컸다고 느꼈을 때 이 일을 시작하게 됐네요. 생활 속에서 배운 것들을 활용하고 싶은 마음이 컸던 것 같아요.

대만 차가 유명하다는 건 익히 알고 있었지만, 대만 사람들은 생활 속에 차가 있는 듯해요. 어딜 가도 늘 차를 마시더라고요. 패스트푸드점 세트 메뉴의 기본 음료가 우롱차인 것

도 놀라웠어요.

대만 사람은 언제든지 차를 마실 수 있는 것 같아요. 아침 점심 저녁 구분 없이 계속 차를 마시니까요.

샤우만에서는 어떤 차를 취급하고 있나요?

중점적으로 소개하는 차는 동방미인이라고 부르는 우롱차예요. 그 이외에 열 몇 가지 차를 취급하고 있어요. 다양한 지역에 있는 차 농장에서 찻잎을 구매하고요. 농약 없이 오로지 유기농 방식으로 자란 찻잎을 고집하기 때문에 직접 차 농장에 방문해서 상태를 점검하죠.

훌륭한 차를 고르는 법이 있나요?

찻잎을 건조할 때 햇빛으로 건조하는 방법과 그늘에 오랫동안 건조하는 방법이 있어요. 저는 건강을 위해서 햇빛에서 오랜 시간 발효하고 건조한 찻잎을 고집하고 있어요. 기본적으로 자연스럽게 자란 찻잎을 써요. 농약과 비료를 사용하지 않고, 흙에 있는 영양분과 에너지가 자연스럽게 차 나무에 흡수된 것들이 좋죠. 이런 방식으로 자란 차는 맛이 더 고소하고 부드러워요.

보통 차 문화가 익숙히지 않은 사람들은, 비교적 복잡한 과정 때문에 차를 어렵다고 생각하는 것 같아요.

먼저 자기가 좋아하는 차를 선택하는 것이 제일 중요해요.

차는 각각 다른 맛과 향을 갖고 있기 때문에 호불호가 많이 갈려요. 더 나아가서 건강 상태를 고려해야 하기도 하죠. 예를 들어 위가 안 좋은 사람들은 진한 차를 피하는 것이 좋아요. 또한 차를 마실 때는 주전자에 따뜻한 물을 부어 온도를 유지한 후에 찻잎을 넣는 것이 중요해요.

차를 내리거나 마실 때 가장 좋아하는 순간은 언제인가요?
제가 제일 좋아하는 순간은 두 번째 잔을 마실 때죠. 첫 잔을 마실 때는 차의 향은 어떤지, 목넘김은 어떤지 잘 알 수 없어요. 두 번째 혹은 세 번째 잔을 마실 때 찻잎의 원래 색깔과 향기를 잘 느낄 수 있어요.

이 거리에 살고 있고 걸어서 출근한다고 들었어요. 아침 출근길의 어떤 풍경을 가장 좋아하나요?
출근할 때 공원과 낡은 집, 시장을 지나가게 돼요. 이런 곳들은 생활과 밀접하고, 생기가 넘치면서 활력이 있죠. 특히 가게 근처에 나무가 많아서 평소에 기분이 굉장히 좋아요.

아시아 각지에서 차 모임을 하고 있다고요. 차 모임을 하는 이유는 무엇인가요? 차 모임에서 어떤 정보를 나누나요?
일본에 제일 많이 가요. 차를 통해서 일본과 교류하고, 여러 사람에게 이런 바쁜 사회에서도 차 문화에서 느끼는 마음의 평화와 예의를 따르면 마음이 편해진다는 것을 알리고 있죠.

차 외에, 호흡을 조절하고 명상과 마음의 평화를 찾는 방법도 탐구해요.

아시아 각 나라에서 서로 비슷하고, 또 다른 차 문화를 경험했을 것 같아요. 다녀오신 아시아 국가의 차 문화 특징 혹은 흥미로운 점을 소개해주실 수 있나요?
대만의 차는 굉장히 자유로운 분위기예요. 특히 발효차라는 점에서 그렇죠. 일본의 녹차는 발효하지 않고, 향이 강하지 않아요. 하지만 일본도 전통적인 차 문화가 있고 예의와 섬세함을 지닌 다도를 500년 동안 지켜왔어요. 디테일에 대한 고집, 생활의 태도에 대해서는 더 풍부하다고 할 수도 있겠네요.

차와 함께 즐기기 좋은 대만의 디저트나 음식이 있나요?
녹두떡이 제일 잘 어울릴 것 같아요. 혹은 버터 향이 없고, 먹을 때 소리가 나지 않는 간식이 어울려요. 예를 들어서 매실 같은 과일이 좋죠.

찻집이 무척 아름다워요. 특별히 이 건물을 선택한 이유가 있나요?
이곳은 제가 어릴 때 살았던 집이에요. 10대 중반까지는 이곳에 살았고, 그 후에는 월세를 주던 곳이었죠. 제가 찻집을 시작하면서 보수 공사를 해서 지금의 모습으로 자리 잡았어요. 50여 년 전에 건축된 건물이고 원래 집으로 쓰였기 때문

에 찻집에 맞게 고쳐나갔죠. 가게의 창문과 바닥이 제일 마음에 들어요. 창문은 옛날 스타일을 살려서 낡은 나무를 써서 복구했어요. 다만 오래된 타일 바닥은 옛날 그대로예요.

찻집인 동시에 전시 공간으로 쓰이고 있는데, 이렇게 공간을 계획한 이유가 있나요?

개인적으로 다기가 정말 아름답다고 생각해요. 이곳에서 차를 마시는 분들이 차가 가진 고유한 분위기를 즐겼으면 좋겠다는 마음에 매달 다른 다기를 전시하는 공간으로 활용하고 있어요.

지금 전시 중인 다기도 소박한 아름다움이 있네요.

이 작가는 일본 후쿠오카에 살고 있는 60세 넘은 도예가예요. 지금 전시 중인 다기들은 오직 이 공간만을 위해 특별히 제작한 다기들이고요. 작품이 화려하지 않고 따뜻한 느낌을 주기 때문에 특히 좋아해요.

차茶가 중요한 만큼 다기茶器도 중요할 것 같아요. 이곳에서는 어떤 다기를 쓰고 있나요?

차를 타는 과정은 정말 중요해요. 그래서 다기는 너무 무겁지 않고, 잡기 편하고 차를 따를 때 조절도 쉬워야 하죠. 저희는 찻잎과 비슷하게 특정한 곳에서 다기를 구매하지 않고 다양한 구역에서 저희가 직접 다기를 골라요. 그래서 특정한 브랜드나 상점을 알려드리긴 어렵지만 융캉제永康街[1]를 추천하고 싶어요.

이곳 이름과 같은 책도 내셨죠. 《小慢: 慢活·詠物·品好茶 Tea Experience》는 어떤 책인지 소개해주시겠어요?

이 책은 제가 진행한 차 모임에 대한 책이에요. 대만뿐만 아니라 도쿄, 상해 등 다양한 도시에서 진행했어요. 그 나라의 여행담보다는 차 모임을 진행하면서 느낀 점, 도시의 차 문화를 다룬 책이죠.

일하지 않는 개인적인 시간에는 주로 무엇을 하며 보내나요?

슬프게도 제가 중국, 일본 사업을 관리해야 하는 입장이라 항상 일을 하고 있네요(웃음). 어제 상해에서 막 돌아왔고 내일 모레에는 일본 나라현으로 바로 출장 가야 해요. 하지만 전 차를 마실 때 늘 쉬고 있다고 생각하죠.

당신이 생각하는 타이베이는 어떤 도시인가요?

제가 느끼기에 타이베이는 천천히 흐르는 도시인 것 같아요. 구역마다 느낌이 다르지만 어딜 가도 사람들이 급하지 않아서 여유를 느낄 수 있죠.

타이베이로 여행 오는 사람들을 위해 좋아하는 장소를 추천해줄 수 있나요?

저희 찻집이 있는 칭티엔제青田街[2]를 추천하고 싶어요. 방금 소개한 타이베이의 특징을 제일 잘 느낄 수 있는 동네라고 생각해요. 또 저는 실외 활동을 좋아해요. 특히 양밍산陽明山[3]에 오르는 것을 좋아하죠. 추가로 핑린坪林에 차밭이 있고, 공기가 맑아서 이곳도 좋아합니다. 그리고 타이베이를 벗어나면 대만 남부에 있는 타이난台南이라는 도시를 좋아해요. 타이난은 대만의 오래된 도시예요. 길거리 음식이 맛있고, 작은 집들이 많은데 모두 이 도시의 특징인 것 같아요. 그리고 하카민족客家人의 도시인 도원桃園, 신주新竹, 묘률苗栗을 좋아해요. 맛있는 동방미인 차를 생산하는 곳이고 도시는 전체적으로 분위기가 있어요. 동방미인은 하카민족의 역사와 문화를 합쳐서 만든 차이기 때문에 특히 흥미롭죠.

[1] 융캉제 永康街 Yongkang Street
Yongkang Street, Da'an District, Taipei City

[2] 칭티엔제 青田街 Qingtian Street
Qingtian Street, Da'an District, Taipei City

[3] 양밍산 陽明山 Yangmingshan National Park

Hsieh Hsiao Man

Tea Master at the Xiaoman Tea Experience

The Xiaoman Tea Experience is a tea house and gallery that helps people enjoy the art of tea. Tea master Hsieh Hsiao Man selects the tea and the venue is his childhood home. Drink a cup of healthy tea in this serene atmosphere and you'll be one step closer to finding peace.

Tell us about the name of this place, Xiaoman Tea Experience. Why did you use your own name?

My name is Hsiao Man(小慢) and if you take apart the Chinese characters used in my name, it means "being a bit slow." I chose this name because it's difficult for people nowadays to truly appreciate the taste of tea because of their fast-paced lifestyles and I wanted the name of the tea house to express our hope for people to take time to enjoy their tea and relax.

What did you do before you opened Xiaoman Tea Experience?

I was an ordinary housewife. Before that, I studied abroad in Japan and dabbled in the fashion industry as well as the banking industry.

What motivated you to go into tea?

I came back from Japan in 1998 and for a couple of years, I fulfilled my role as a mother. During that time, I came to understand tea. I brewed tea for myself and studied about it. After I turned 40 and my kids were old enough to take care of themselves, I decided to launch this business. I guess I just wanted to make use of the things I picked up in my day-to-day life.

I always knew that Taiwan was famous for tea, but it seems even more deeply rooted in the culture than I expected. They drink tea anytime and anywhere. I was surprised to find that even fast food chains offer oolong tea as an option.

I think that Taiwanese people can drink tea all day every day. We do it days and nights, with no breaks in between.

What kind of tea is available at the Xiaoman Tea Experience?

Our representative tea is a type of oolong tea called Oriental Beauty(東方美人). We also have ten other types of tea. We purchase tea leaves from various tea plantations that we visit and check the quality for ourselves. At the Xiaomen Tea Experience, we sell only organic tea raised without pesticides.

How do you know the quality of a tea? Any tips?

When drying tea leaves, there are two methods: drying under the sunlight or under the shade for a longer period of time. I stick to tea leaves that have been dried in the sunlight for a long time. Basically I use tea leaves that have absorbed the nutrients and energy from the soil in a natural manner. Teas cultivated that way taste softer and are more aromatic.

For those who are not familiar with tea culture, the art of tea may seem relatively complicated and difficult to practice.

First, choose a tea that suits your taste palate. Teas taste distinctly different from one another and you can immediately distinguish whether you'll love it or hate it. The same tea is not for everyone. Furthermore, consider your health. For example, if you have stomach problems, try a stronger tea. Consider the way you brew your tea. It is vital to maintain the temperature of a tea pot by pouring hot water in it and then adding loose leaf to the pot.

What do you like the most about brewing tea and drinking it?

My favorite part of the ritual is when I'm having a second cup of tea. It is difficult to properly catch the flavor and the feel of the tea with your first cup. Only with the second or third cup of cup can you appreciate the color and flavor of the drink.

I heard you live on this street and commute on foot. What is your best part of your commute?

On my way to work, I pass by a park, some old houses and a market. These places are essential to people's lives. They feel vigorous and energetic. Our store, in particular, is surrounded by lots of trees and that feels really good, too.

You run tea clubs all around Asia. Is there any particular motive for that? What information do you share at the clubs?

Most of the meetings take place in Japan. Tea has become a way for me to stay in touch with Japanese culture and promote my belief that the courtesy and peace of mind found in tea culture can help people feel relaxed even in today's fast-paced society. In addition to drinking tea together, we also explore the concepts of meditation, controlled breathing and finding inner peace.

I guess that you may have found that many countries in Asia have a similar-but-different tea culture. What are some differences between the tea culture in Japan and the tea culture in Taiwan?

The tea culture in Taiwan is fairly liberal and some of that is a result of Taiwanese tea being a fermented tea. Japanese green tea, on the other hand, neither goes through the process of fermentation nor has a strong aroma. Japan has a 500-year old history of tea with its own tea ceremonies and its own rituals that have been strictly practiced over the years.

Which Taiwanese deserts or foods go well with Taiwanese tea?

I think mung bean cake goes perfectly with Taiwanese tea. Foods that don't have a buttery flavor and don't make a crunchy sound. Fruits like green plums are a good example.

The tea house is really beautiful. Was there a particular reason you picked this building?

This house is my childhood home. I lived here when I was a teenager and we rented the space out to tenants latter on. Afterwards, I renovated the house and then turned it into this tea house. The building was originally constructed 50 years ago so it needed some fixing-up before it could be turned into a proper tea house. What I love most about the house are its windows and its floors. To accentuate the traditional style windows, we renovated them with old wood. As for the floors, we kept the original tiles.

This place houses both a tea house and a gallery. Why did you divide the space like this?

I wanted a space to put teaware on display because I believe teaware is a work of art. I wanted the people who drink tea here to appreciate the unique atmosphere that only tea can provide. We also put on a different teaware exhibition every month.

The teaware on display is very beautiful.

These pieces were made by a Japanese potter in Fukuoka. They are exclusively created for this exhibition.

I think teaware is just as important as tea. Where did you get the teaware for Xiaoman Tea Experience?

Teaware is very important to the tea brewing process. To be specific, teaware must be not too heavy to handle and easy enough to grip. Just like the tea leaves, we handpick our teaware from a variety of shops instead of purchasing all of them from one brand. For picking out teaware, I would reco-mmend visiting Yongkang Street(永康街).

You wrote a book called 《小慢: 慢活·詠物·品好茶 Tea Experience》. Please tell us about it.

The book is about the tea clubs I organized in different cities in Taiwan, China and Japan. It is a collection of my essays on the tea culture of each city and what I felt while hosting the gatherings.

What do you do when you're not working?

Unfortunately, I work all the time since I also have to oversee the operations in mainland China and Japan(laughs). I just came back from Shanghai yesterday and am heading to Nara the day after tomorrow. Drinking a cup of tea still feels like a short break from work to me.

How would you describe the city of Taipei?

I feel like Taipei is a city in which time slows down. Every district has a distinct feel but Taiwanese people are generally relaxed, which creates a laid back atmosphere to the city.

Are there any places you would like to recommend to visitors to Taipei?

I'd like to recommend Qingtian Street(青田街) where our tea house is located. I think that the area embodies the unique feel of Taipei I just talked about. I also enjoy outdoor activities like going hiking and in particular, I really like hiking at Yang-mingshan National Park(陽明山). If you're looking for some clean air, try the tea plantation in Pinglin(坪林) which is famous for it. Outside of Taipei, I love the city of Tainan(台南) in the southern part of Taiwan. Tainan is an old town with tasty street foods and streets full of small hou-ses. I also love Taoyuan(桃園), Hsinchu(新竹), and Miaoli(苗栗) – the cities of the Hakka tribe(客家人). The city produces a great Oriental Beauty oolong tea and has a unique atmosphere. The Oriental Beauty oolong tea is special because of its history and culture in the Hakka tribe.

A Tour of Teas

Words & Photography **Kim Hyewon**

8개의 장소에 던진 5개의 물음

Questions
1 당신은 누구이며 이곳에서 무엇을 하나?
2 찻집(혹은 브랜드) 이름의 의미는?
3 찻집(혹은 브랜드)을 멋지게 만드는 것은?
4 이곳에서 추천하는 차는 무엇인가?
5 방문하기 좋은 계절이 있다면?

Lin Hua Tai Tea

林華泰茶行

A. No. 193, Section 2, Chongqing North Road, Datong District, Taipei City
H. linhuatai.okgo.tw   **T.** +886 2 2557 3506

1 1980년부터 이곳에서 일했다. 찻잎의 품질 관리와 제조 과정을 감독한다. 쉽게 공장장이라고 생각하면 된다. 2 특별한 의미는 없다. 누구의 이름도 아니고 단순히 가게 이름일 뿐이다. 3 '임태화차항'은 1880년에 시작됐다. 원래는 이 길의 중간에 있었는데, 도로 공사로 인해 지금 위치로 옮기게 됐다. 우리가 이렇게 오랫동안 이어질 수 있었던 이유는 전통을 이으려는 노력과 품질에 대한 고집 덕분이다. 우리의 원칙은 값싸고 품질 좋은 차를 제공하는 것. 도매와 소매의 판매 가격이 같다(최소로 구매할 수 있는 단위는 150그램). 가게 바로 뒤에 있는 공장에서 30년 경력의 전문가들이 지금도 여전히 차를 만든다. 4 판매하는 차가 100종이 넘는다. 차를 매우 세세하게 분류하고 있다. 그중 하나를 추천하자면 고산차를 추천하고 싶다.

Wang Tea

有記名茶

A. No. 26, Lane 64, Section 2, Chongqing North Road, Datong District, Taipei City
H. wangtea.com.tw   **T.** +886 2 2555 9164

TEA

1 '유기명차'의 5대 대표다. 대학원을 졸업한 후에 이곳에 돌아와 가업을 잇게 되었다. 구매, 재무, 영업, 홈페이지 관리를 담당하고 있다. 2 유기명차는 1890년대에 설립됐다. '유기有記'는 '들어보고 마셔보면 잊히지 않는다'는 의미고, '명차名茶'는 말 그대로 특징 있고 유명한 차를 뜻한다. 3 우리는 옛 차 공장의 모습을 그대로 보존하고 있고 여전히 그 시설을 사용한다. 아직도 나무를 태워서 차를 굽는데 이런 전통적인 방식을 고집하는 곳은 이곳밖에 없다. 전통을 고집하며 차에 대한 지식과 문화를 알리는 데 애쓰고 있다. 4 기종우롱奇種烏龍를 추천한다. 엄선한 고산차를 나무를 태워 구워서 찻잎의 끝맛과 향을 살렸다. 5 언제 와도 좋다. 다만 영업시간은 월요일부터 토요일까지, 아침 9시부터 저녁 7시까지다.

Wolf Tea

琅茶

A. No. 23, Alley 8, Lane 36, Section 5, Minsheng East Road, Songshan District, Taipei City
H. wolftea.com **T.** +886 970 844 235

1 '랑차'의 공동 창립자인 데이비드David. 우리는 대만 차의 섬세한 맛을 전 세계에 알리고 있다. 특히 젊은이들이 대만 차를 통해 일상의 아름다움을 발견하길 바란다. 2 이름은 공동 창립자 중 한 명인 아웬Arwen의 아버지 이름에서 따왔다. 아웬의 아버지는 차 전문가이고 계절마다 우리와 함께 차 농장을 방문해 최고의 찻잎을 엄선해준다. 그는 우리에게 차를 음미하는 방법을 알려주었고 때때로 영감을 주기도 한다. 그리고 많은 이들이 귀엽고 젠틀한 늑대 한 마리가 그려진 우리의 로고를 좋아하는데, '琅'이라는 글자가 늑대를 뜻하는 글자와 발음이 같아 늑대를 그린 것이다. 3 처음 이곳은 우리의 스튜디오였다. 하지만 방문하는 이들이 많아지며 작은 숍이 됐다. 우리 숍의 작고 아늑한 분위기는 사람과 사람 사이를 더욱 가깝게 만든다. 차의 품질뿐만 아니라 이런 분위기에서 나누는 진실한 대화가 랑차를 더욱 매력 있고 잊지 못할 것으로 만들어준다고 믿는다. 4 클래식한 우롱차를 원한다면 유운우롱悠韻烏龍 (Rhymic Oolong Tea)을 추천한다. 원래 '유운悠韻'이라는 말이 우롱차의 향이 넘치는 끝맛을 묘사하는 데 사용된다. 우롱차를 탐색하기에 좋은 시작이다. 5 Everyday is a good day! 우리는 계절별로 대만의 좋은 차를 선별해 판매한다. 봄이나 겨울에는 고산 우롱차를, 여름에는 신선한 홍차를 즐길 수 있다.

Dlic Tea

地利茶

A. No. 23, Lane 2, Liyuan Road, Linkou District, New Taipei City
H. dlictea.com

1 창립자인 슈이Shu I. 품질 좋은 대만 차는 알려져야 한다. 대만 사람들은 품질 좋은 차를 쉽게 구할 수 있다. 해외에서 차를 마시며 그 맛에 실망한 경우가 종종 있었는데, 그때 우리가 대만에서 마셨던 그 맛을 원한다는 걸 깨달았다. 대만 차 고유의 맛과 특징이 있다는 것을 안 것이다. 이러한 대만 차는 알려져야 한다고 생각했고 그래서 이 브랜드를 시작하게 됐다. 2 'Dlic'는 우리 회사 이름 'Delighted Life International Corporation'의 약자다. 로고는 대만 까치의 모습에서 따왔다. 3 우리의 핵심 가치는 최고의 대만 차를 제공하는 것이다. 대만의 모든 도시, 모든 지역마다 그들만의 고유한 맛이 있다고 생각한다. 우리는 각 지역의 최고의 차를 구입해 품질 좋은 차를 만드는 것을 항상 강조한다. 4 지금은 전통 우롱차와 전통 홍차가 있다. 사실 대만 차의 맛은 계절마다 다르다. 날씨는 차에 영향을 주는 중요한 요소이기 때문이다. 누군가 우리 숍에 방문할 때마다 이 차이를 발견할 수 있다면 좋겠다. 5 숍 앞에 벚나무가 많다. 봄에 벚꽃을 보며 차를 마시면 좋은 추억이 되지 않을까? 그렇지만 어느 계절이든 다 좋다.

Eighty-Eightea Rinbansyo

八拾捌茶輪番所

A. No. 174, Section 1, Zhonghua Road, Wanhua District, Taipei City
H. eightyeightea.com   **T.** +886 2 2312 0845

1 '팔십팔차윤번소'의 홍보 담당자. 많은 이들이 이곳에서 대만 차를 즐길 수 있도록 알리는 게 나의 일이다. 2 윤번소는 일제강점기 때 이 건물의 이름이었다. 3 이곳에서는 차 전문가가 대만 차를 즐기는 방법을 알려준다. 그리고 차와 함께 식사와 디저트를 맛볼 수 있다. 4 옥란우롱玉蘭烏龍을 추천한다. 옥란꽃은 대만을 대표하는 꽃 중 하나다. 이 꽃의 향을 그대로 느낄 수 있는 차다. 5 언제든지!

Wistaria Tea House

紫藤廬

A. No. 1, Lane 16, Section 3, Xinsheng South Road, Da'an District, Taipei City
H. wistariateahouse.com   **T.** +886 2 2363 7375

TEA

1 '쯔텅루'의 공동 창립자 겸 책임자인 소피 린Sophie Lin. 이곳 한쪽에 있는 갤러리의 큐레이터로 차, 문화와 관련된 행사를 담당하기도 한다. 2 정원에 있는 세 그루의 등나무에서 따온 이름이다. 그중 가장 오래된 나무는 1920년에 심은 것이다. 3 쯔텅루는 자연스러운 아름다움이 있는 곳이다. 손님들 또한 이곳을 방문해 자신의 내면의 아름다움을 발견할 수 있었으면 좋겠다. 쯔텅루는 또한 예술가, 정치인, 학자, 사회 운동가 등 다양한 분야의 사람들이 만든 풍부한 역사를 갖고 있다. 그리고 차와 관련된 타이베이의 랜드마크로 전 세계에서 온 차를 좋아하는 여행자들이 이곳을 문화 교류를 위한 플랫폼으로 만든 것도 우리의 특별한 점이다. 4 대만 우롱차와 중국 보이차를 포함해 다양한 차를 보유하고 있다. 여행자라면 전형적인 고산차인 영봉철조晴峰澈照(Mountain Sunshine)나 리산초효梨山初曉(Li Mountain Early Morning)가 어떨까. 경험이 많은 차 애호가에게는 즈핑紫聘, 타이허太和 또는 우리의 제철 차(Seasonal Recommendation)를 추천한다. 5 기준을 어디에 두느냐에 따라 다르다. 다만 등나무 꽃의 개화기는 4월 중순이다. 그리고 보다 조용한 분위기를 느끼려면 아침 시간에 오는 게 좋다.

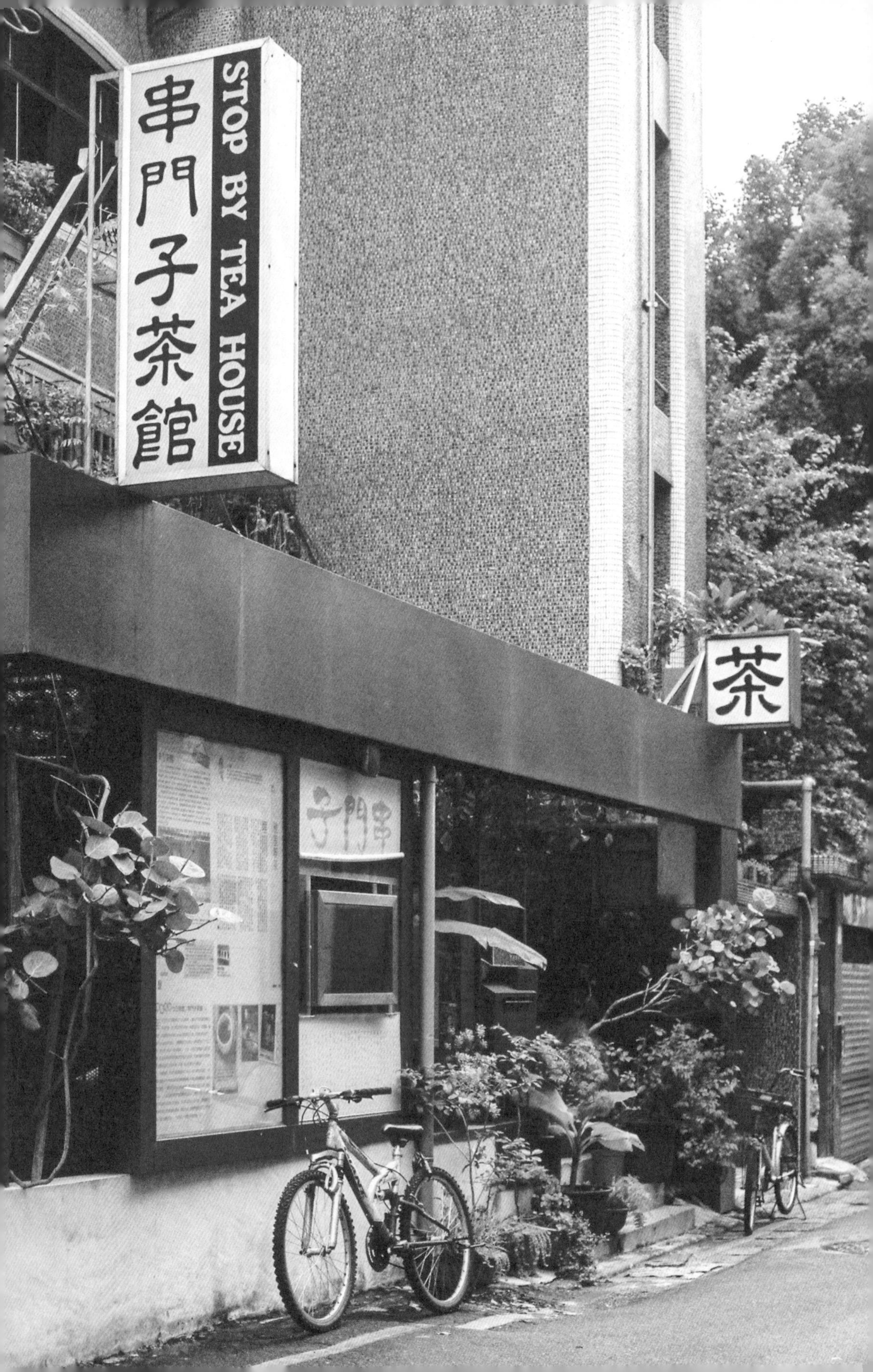
串門子茶館
STOP BY TEA HOUSE
茶
串門子

Stop By Tea House

串門子茶館

A. No. 9, Lane 13, Lishui Street, Da'an District, Taipei City
H. facebook.com/stopbyteahouse **T.** +886 2 2356 3767

1 주인이자 인테리어 디자이너다. 예술과 미학을 좋아한다. 2 '관문자차관'은 30년 전 친구가 가오슝高雄에서 운영했던 가게의 이름이다. 거기에서 이름을 따왔다. 그 친구는 지금 이곳의 주주다. 3 지하에 중국식 웅덩이(포석정 같은 물길)가 있다. 1층은 차를 좋아하는 사람들을 위한 공간이다. 4 청춘삼천靑春三泉이라는 차를 추천한다. 5 매일 오후 1시 이후, 9시 이전에 오면 된다.

ASW Tea House

A. No. 34, Section 1, Dihua St, Datong District, Taipei City
H. facebook.com/aswteahouse **T.** +886 2 2555 9913

1 샤오쎵웬Hsiao Sheng Yuan. 이 찻집을 운영하는 삼달반三月半의 공동 창립자다. 2 이 건물에 대만 최초의 약국 'A.S. Watson & Co.'가 있었다. 건물의 역사를 재조명하기 위해 약국 이름의 앞글자를 따 이름을 지었다. 3 품질 좋은 다양한 대만 차. 우리는 항상 차를 우선시한다. 편안하고 넓은 공간도 이곳을 멋지게 만든다. 아늑한 공간을 제 공하는 것이 이윤을 위해 테이블과 좌석을 늘리는 것보다 중요하다고 믿기 때문이다. 4 일월담야막홍옥日月潭夜幕 紅玉(Formosa Moonlight Red Jade). 가장 대표적인 대만 홍차다. 추가로 우롱차인 동방미인東方美人도 추천하고 싶 다. 동방미인이 이곳 다다오청大稻埕이 지금의 다다오청이 된 이유이기 때문이다(다다오청은 주로 차를 수출하는 항구 였다). 5 개인적으로는 아침 시간을 좋아한다. 창문을 통해 햇빛이 들어오고 주황 벽돌로 만든 바닥에 그림자가 생긴 다. 아침에는 붐비지 않기 때문에 이런 평화로운 순간을 마음껏 즐길 수 있다. 특히 봄의 아침이 좋다.

Kuo Kuo

Sunset Rollercoaster' Singer, Guitarist and Songwriter

궈궈, 선셋롤러코스터의 보컬이자 기타리스트

Editor **Kim Hyewon**
Photographer **Oh Jinhyeok**

선셋롤러코스터落日飛車Sunset Rollercoaster는 대만의 5인조 록 밴드다. 2011년 9월 첫 정규 앨범 〈Bossa Nova〉를 발표하며 데뷔했다. 대만과 일본에서의 성공적인 앨범 발매 투어 이후 오랜 휴지기를 가진 후 2015년 활동을 재기했다. 2016년 3월 EP 〈Jinji Kikko〉를 발매하며 한국, 일본, 미국 등의 여러 도시에서 공연을 가졌다. 가장 널리 알려진 대만 뮤지션 중 하나로, 현재 새로운 앨범을 준비 중에 있다.

지금 대만에서 밴드를 운영하고 있는 사람의 수는 매우 많은 편이에요.

그리고 다들 각자의 밴드를 운영하고 음악을 업으로 삼기 위해 노력하고 있고요.

모두가 한 발 한 발 앞으로 나아가기 위해, 밴드와 음악에 대해 고민해요.

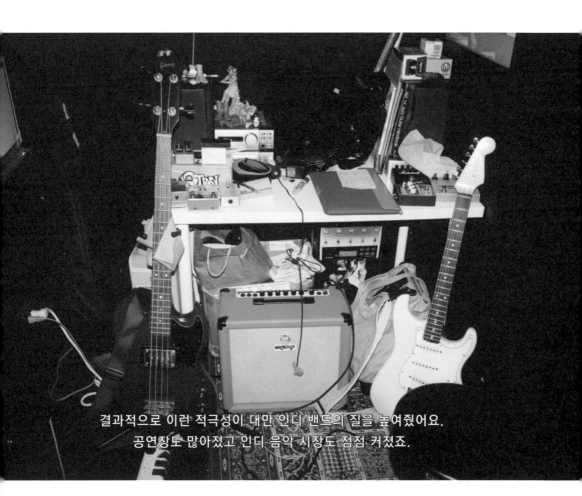

결과적으로 이런 적극성이 대만 인디 밴드의 질을 높여줬어요.
공연장도 많아졌고 인디 음악 시장도 점점 커졌죠.

밴드 내에서 당신의 역할은 무엇인가요?

메인 보컬과 기타를 담당하고 있어요. 공연하지 않을 때는 작곡과 작사를 하고요.

선셋롤러코스터라는 이름의 의미가 궁금해요.

예전 맥 컴퓨터에 있던 포토 부스Photo Booth라는 소프트웨어에서 제공하는 기본 배경 이름이 선셋롤러코스터였어요. 당시 유행했던 마이스페이스Myspace의 프로필 사진을 저희가 선셋롤러코스터 배경에서 찍은 사진으로 하게 되면서 밴드 이름이 되었고요. 처음 밴드를 시작했을 땐 그렇게 진지하지 않았기 때문에 이름도 쉽게 정했네요.

음악은 어떻게 시작했나요?

특별한 계기는 없었어요. 교회에 다니며 자라다 보니 음악을 계속 접하게 되었고, 자연스럽게 음악을 하게 됐어요.

당신들의 음악은 사이키델릭하고 감성적이고 때론 로맨틱해요. 하나의 장르로 규정하기 어려운데, 스스로 선셋롤러코스터의 음악을 어떤 장르라고 생각하나요?

우리는 자주 장난스럽게 '아열대 록Tropical Rock'이라고 말해요(웃음). 타이베이 날씨 같아요. 아열대에 속하는 타이베이는 날씨가 굉장히 변덕스러워요. 아침에는 덥고 습하다가 오후엔 갑자기 비가 쏟아지고 저녁이 되면 쌀쌀하고 밤

하늘엔 별이 깨끗하게 보일 때가 많죠. 이런 변화무쌍한 날씨는 사람과 사람 사이의 로맨스와 비슷하다고 생각해요. 우리 음악은 이런 로맨스를 담고 있어요.

음악에 영향을 준 뮤지션이 있다면요?

1960년대에서 80년대 사이의 흑인 음악에 영향을 받았어요. 마빈 게이Marvin Gaye, 프린스Prince, 마이클 잭슨Michael Jackson, 퀸시 존스Quincy Jones, 서른 명도 더 말할 수 있어요(웃음). 특히 그들의 '그루빙Grooving'에 많은 영향을 받았죠. 저희가 가벼운 분위기에 춤도 출 수 있는 그런 음악을 좋아해요.

음악적 영감은 어디에서 얻나요? 타이베이라는 도시가 당신에게 어떤 영감을 주기도 하나요?

저는 제 상상에서 영감을 얻어요. 설명하기 쉽지 않지만, 한번 시도해 볼게요. 제가 자라면서 느낀 타이베이는 평면 같은 도시예요. 타이베이에서 생활하는 것은 어느 정도 수월한 일이라고 생각해요. 큰돈은 없지만 아르바이트를 하며 저녁에 친구와 술 한잔 마시는 간단한 일상을 유지할 수 있다는 의미예요. 금전적으로 부족한 면이 있다는 것을 알면서도 더 많은 돈을 벌 수 있는 직업에 뛰어들거나 욕심내지 않죠. 현재만 사는 거예요. 오늘과 내일만 있고, 먼 곳을 볼 수 없어요. 그러니 상상할 수밖에 없어요. 상상을 통해 보이지 않는 미래를 느끼고 거기에서 영감을 얻는 거예요.

유튜브에서 '10 Year Taipei'라는 곡의 라이브 영상을 봤어요. 앨범에는 없는 노래던데 어떤 곡인가요?
아직 발매하지 않은 곡이고 다음 앨범에 들어갈 곡이에요. 제가 음악을 시작한 지 10년이 된 것을 기념하고 저와 함께 음악을 하고 있는 친구들에게 바치는 노래죠. 방금 이야기했던 타이베이에 대한 저의 생각이 담긴 노래이기도 하고요. 조금 더 설명하자면, 어떤 사람이 타이베이를 떠나려고 해요. 그런데 금방 다시 돌아오게 되는 거예요. 그러는 사이 그는 나이를 먹어가고요. 나이는 들었고 꿈은 언제 이뤄질지 모르지만, 그 시간 동안 즐거웠으니 늙음에 슬퍼하지 말자, 이런 내용이에요. 타이베이 거리의 오토바이 소리, 버스 소리, 지하철 소리도 넣었어요.

선셋롤러코스터를 알고 대만 인디 밴드에 관심을 두는 사람이 많아요. 그런 관심을 갖고 타이베이에 온 사람들이 갈 만한 장소를 추천해줄 수 있나요? 공연장이나 레코드 숍 같은 곳.
라이브하우스를 소개하자면, 먼저 100명 정도를 수용할 수 있는 리볼버Revolver[1]가 있어요. 그곳은 바이기도 해요. 영국인 사장이 저의 룸메이트였고 제가 대학원에 재학 중이던 오픈 초기에는 거기에서 사운드 엔지니어로 아르바이트를 하기도 했죠. 저는 지금 선셋롤러코스터를 포함해 4개의 밴드에 속해 있는데 모두 이곳에서 공연했을 만큼 공연하는 밴드의 음악 장르 또한 다양해요. 그리고 해변의 카프카Kafka by the Sea[2]라는 카페 형태의 공연장도 있어요. 그곳에서는 어쿠스틱 공연이 많이 열리고, 150명에서 최대 200명까지 입장할 수 있어요. 그다음 규모로 파이프Pipe[3]라는 곳이 있는데, 원래 땅에서 물을 추출했던 곳이라 그런 이름이 붙은 것 같아요. 주로 전자음악 위주의 공연이 열려요. 그리고 더 월The Wall[4]이 있어요. 평일에는 공연장으로 활용되지만 주말이 되면 코너Korner라는 이름의 클럽이 되죠. 이곳의 수용 인원은 600명이 넘어요. 대만에서 유명하고 뛰어난 실력을 갖춘 전자음악 음악가들은 모두 더 월에서 공연해요. 아마 대만 인디 커뮤니티의 가장 대표적인 장소라고 할 수도 있을 거예요. 음악을 하는 사람은 모두 이곳을 알아요. 마지막으로 레거시Legacy Taipei[5]는 1200명을 수용할 수 있는 공연장이에요. 인디 밴드를 위한 공연장으로는 가장 큰 규모죠. 주류 음악가도 이곳에서 많이 공연해요. 힙합 공연도 열리고요. 대만 인디 음악을 즐기고 싶다면 이런 공연장을 찾는 것을 추천해요. 각각의 홈페이지에 들어가면 공연 정보를 알 수 있어요.

함께 갔던 편집숍 웨이팅 룸Waiting Room[6]도 추천 장소에 포함되나요?
네, 아주 좋은 장소죠. 대만 인디 밴드 대다수가 그곳에서 앨범을 판매하고 있어요. 일본, 한국의 레코드 숍들과 협업하기도 하고요. 시간을 보내기 좋은 곳이에요. 레코드 숍을 한 곳 더 추천하자면, 대만 사범대학 근처에 있는 화이트 웨빗White Wabbit Records[7]을 추천하고 싶어요.

대만 인디신만의 특징이 있는지 궁금해요.
현재 대만 인디신의 가장 큰 특징은 다양성인 것 같아요. 5년, 10년 전만 해도 대만 인디 음악은 포크Folk 위주였어요. 지금은 어느 한 장르 위주라고 얘기할 수 없어요.

그렇다면 지금이 대만 인디신의 전성기일까요?
좋은 질문이에요. 지금 대만에서 밴드를 운영하고 있는 사람의 수는 매우 많은 편이에요. 그리고 다들 각자의 밴드를 운영하고 음악을 업으로 삼기 위해 노력하고 있고요. 5년 전만 해도 인디 음악은 반항의 의미가 강했어요. 사춘기 시절처럼요. 조심스럽지 않았고 하고 싶은 대로 했죠. 공연장도 많지 않았고요. 현재는 모두가 한 발 한 발 앞으로 나아가기 위해, 밴드와 음악에 대해 고민해요. 결과적으로 이런 적극성이 대만 인디 밴드의 질을 높여줬어요. 그래서 공연장도 많아졌고 인디 음악 시장도 점점 커진 것 같아요.

모두가 자신의 음악을 위해 노력하고 있는데, 그중 당신이 관심을 두고 있는 뮤지션은 누군지 궁금해요.

엔젤 베이비Angel Baby라는 밴드를 주목하고 있어요. 사실 저희 밴드의 드러머가 이 밴드에서 보컬과 기타를 맡고 있어요(웃음). 미국인 멤버 한 명과 영국인 멤버 한 명도 있죠. 주로 1960년대 서프 록Surf Rock과 포크, 재즈가 섞인 음악을 하고 있어요. 그리고 낙차초원WWWW落差草原WWWW라는 밴드요. 최근 많은 인기를 얻고 있는 밴드인데, 전자음악에 대만 원주민 음악의 요소를 활용했어요. 노래를 부를 땐 영혼을 불러들이는 것 같기도 하고요. 공연장에서 그들의 음악을 들으면 마치 종교 행사에 온 것처럼 느껴지기도 해요. 특색 있는 밴드예요.

밴드로서든, 개인으로서든 당신의 앞으로의 목표는 뭔가요?

단기적인 목표는 다음 앨범을 발매하는 거예요. 시간을 오래 끌었어요. 1년 동안 준비하고 있어요. 그리고 2018년 목표는 세계를 돌아다니며 공연을 하는 거예요. 그러면서 다른 밴드와 협업해 음악을 만들고 싶어요. 개인적인 목표는 밴드의 목표와 비슷한데 그래도 몇 가지 추가하자면, 게임에 시간을 덜 소모하고 시간 관리를 잘했으면 좋겠어요(웃음).

어떤 장소는 음악으로 기억되기도 해요. 선셋롤러코스터의 노래를 타이베이 어디에서 들으면 좋을까요?

우리 노래 중에 'Burgundy Red'라는 곡이 있어요. 이 노래는 고속도로를 달릴 때 들으면 정말 좋아요. 여행자라면 타오위안 공항에서 타이베이 시내로 들어오는 고속도로에서 들어보세요. 특히 저녁이나 밤, 안개로 뒤덮인 타이베이 시내를 바라보며 이 노래를 들으면 많은 감정과 생각이 떠오를 거예요.

1) 리볼버 Revolver
revolver.tw

2) 해변의 카프카 Kafka by the Sea
facebook.com/kafka.republic

3) 파이프 Pipe
facebook.com/pipelivemusic

4) 더 월 The Wall
thewall.tw

5) 레거시 Legacy Taipei
legacy.com.tw

6) 웨이팅 룸 Waiting Room
waitingroomtw.bigcartel.com

7) 화이트 웨빗 White Wabbit Records
wwr.com.tw

Kuo Kuo
Sunset Rollercoaster' Singer, Guitarist and Songwriter

Sunset Rollercoaster is a Taiwanese rock band with five members. In addition to Kuo Kuo, there's bassist Hung Li Chen, keyboardist Shao Hsuan Wang, drummer Tsun Lung Lo and percussionist Hao Chia Chang. They debuted with the album "Bossa Nova" in 2011. After touring successfully in Taiwan and Japan, they took a long break and resumed in 2015. A year later, they came out with the EP "Jinji Kikko" and went on a world tour across South Korea, Japan and the U.S. They are one of the most famous Taiwanese rock bands and are currently working on their next album.

What does the name of the band, Sunset Rollercoaster, mean?

Apple computers used to have this program called Photo Booth and one of the background images on it was called Sunset Rollercoaster. The band once took a picture with the image in the back and used it for our Myspace profile picture. Since then, it stuck around as our band name.

How did you get into music?

I used to go to church when I was little, which had me continuously exposed to music. I think that's how I got into it.

Your music is psychedelic, emotional, and romantic all at the same time. It's quite difficult to categorize. How would you define your band's genre?

We jokingly call it Tropical Rock. It is like the weather in Taipei. Being in the tropical climate zone means erratic weather, hot and humid in the morning, a sudden shower in the afternoon, and chilly in the evening with stars across the sky. I think this unpredictable weather has a lot in common with romantic rela-tionships between two people. We consider our music tropical rock because it embodies the erratic romance.

Who are some musicians who have influenced you?

African-American musicians from the 60s to the 80s influenced me. To name a few, Marvin Gaye, Prince, Michael Jackson, Quincy Jones and I could go name thirty more(laughs). To be precise, the groove of their music had a huge impact on me. As a band, we like chill music that we can dance.

Where do you find inspiration? How does the city of Taipei work itself into your music?

I find inspiration in my own imagination. It is hard to explain, but I'll give it a try. Growing up, Taipei seemed like a flat city. Getting by in Taipei is pretty easy. You may not make a lot of money but you can still make ends meet and have enough to go drinking or hang out with your friends at night by working part-time. You may feel like your job falls short of your standards but you probably won't jump into the full-time job market either. Here, you just live in the moment. There is only one today and one tomorrow and you can easily become shortsighted in that way. Living like that allowed me to delve into my own world of imagination. I can feel a future that's not visible in this present world and I find my inspiration there.

I watched a live recording of "10 Year Taipei" on YouTube. The song was not on the album. Could you tell us about the piece?

We haven't released it yet as we're planning to include it in our next album. The song marks my 10th year as a musician and is dedicated to my fellow musicians. The song also reflects my aforementioned thoughts on Taipei. To be specific, in the song, a person decides to leave Taipei but soon comes back. The song is basically about reminiscing about good times and not letting the idea of getting older bring you down. I added the sounds of motorcycles, buses and subways I recorded from the streets of Taipei.

Many people became interested in Taiwanese indie bands after getting to know Sunset Rollercoaster. Are there any venues you would like to recommend to visitors interested in the Taiwanese indie band scene? Any clubs, live venue halls or records shops?

In terms of clubs, there is Revolver, which is a club that can accommodate nearly 100 people. It's a club and a bar run by my former roommate from the U.K. and I used to work there part time as a sound engineer during my grad school years when the club had just opened. They play everything from hard rock to punk and electronic music. I perform in four different bands of different genres and they have all performed here. There is also the café Kafka by the Sea which hosts live acoustic performances. It can sit up to 200 people. If you're looking for something larger than that, there's Pipe Live Music. I think it's called that because people used to extract water from the site there. Also, you can't miss The Wall. It's a venue that hosts live performances during the weekdays and turns into a club called Korner on the weekends. It can accommodate more than 600 people and all the famous electro-musicians perform there. It's considered a landmark in Taiwan's indie music community and if you're a musician, you know it. Lastly, Legacy Taipei is the largest stage for indie bands in Taiwan with room for roughly 1200 listeners. Many popular musicians and bands have performed here, including some hip-hop musicians.

How about Waiting Room, the select shop we visited earlier?

Yes, it is a great place. Most indie bands in Taiwan sell their albums there. It works closely with record shops in Japan and South Korea and is a nice place to hang out. If I could recommend one more record shop, I'd say to visit White Wabbit Records near Taiwan Education College.

What do you think sets the Taiwanese indie scene apart?
I think that diversity is the defining term when it comes to the indie scene in Taiwan. Even five or ten years ago, the indie scene was centered on specific genres – like folk music. Now, you couldn't say that there's one specific genre that dominates the scene.

Would you say that the Taiwanese indie band scene is seeing its glory days now?
Good question. There are a great number of bands in Taiwan right now. They all are doing their best to manage themselves as a group and further their careers as a musician. Until five years ago, indie music was about being rebellious like teenagers. We were reckless and childish. There were not that many places to perform. Nowadays, we are more serious about our bands and our music in order to advance step by step. This proactive attitude toward music has improved the quality of indie bands.

You said everyone seems to be working hard on their music. Any bands in particular that've caught your eye?
The band called Angel Baby caught my eye. Actually, our drmmer is playing guitar and singing in that band(laughs). The band has musicians from the U.S. and the U.K. and they combine folk, jazz and surf rock from the 60s. There is another intriguing band called Prairie WWWWW(落差草原 WWWWW). The band has been gaining popularity lately and they've added some elements of Taiwanese tribal music to an electronic sound. Their songs sound incredibly inviting and when you listen to them live, it feels as if you're attending a religious ritual. The band really stands out.

Any plans for your band or for your solo career?
A short-term objective for our band is to release our next album. It's taken us quite a while – almost a year to finish it. Then we would like to go on tour in 2018, collaborating with other bands and making new songs. My personal objectives are quite similar to those of our band, but I could add a few more like reducing the time I spend on playing games and managing my time better(laughs).

Sometimes music can bring us to a certain place. Where in Taipei do you think is the best place to listen to your music?
There is a song called "Burgundy Red." It is a great song to listen to when you are driving on the expressway. If you are a tourist, I'd suggest listening to it on the express way from Taoyuan Airport to downtown Taipei. The song is particularly striking if you listen to it in the evening or at night, looking down at the city engulfed in fog.

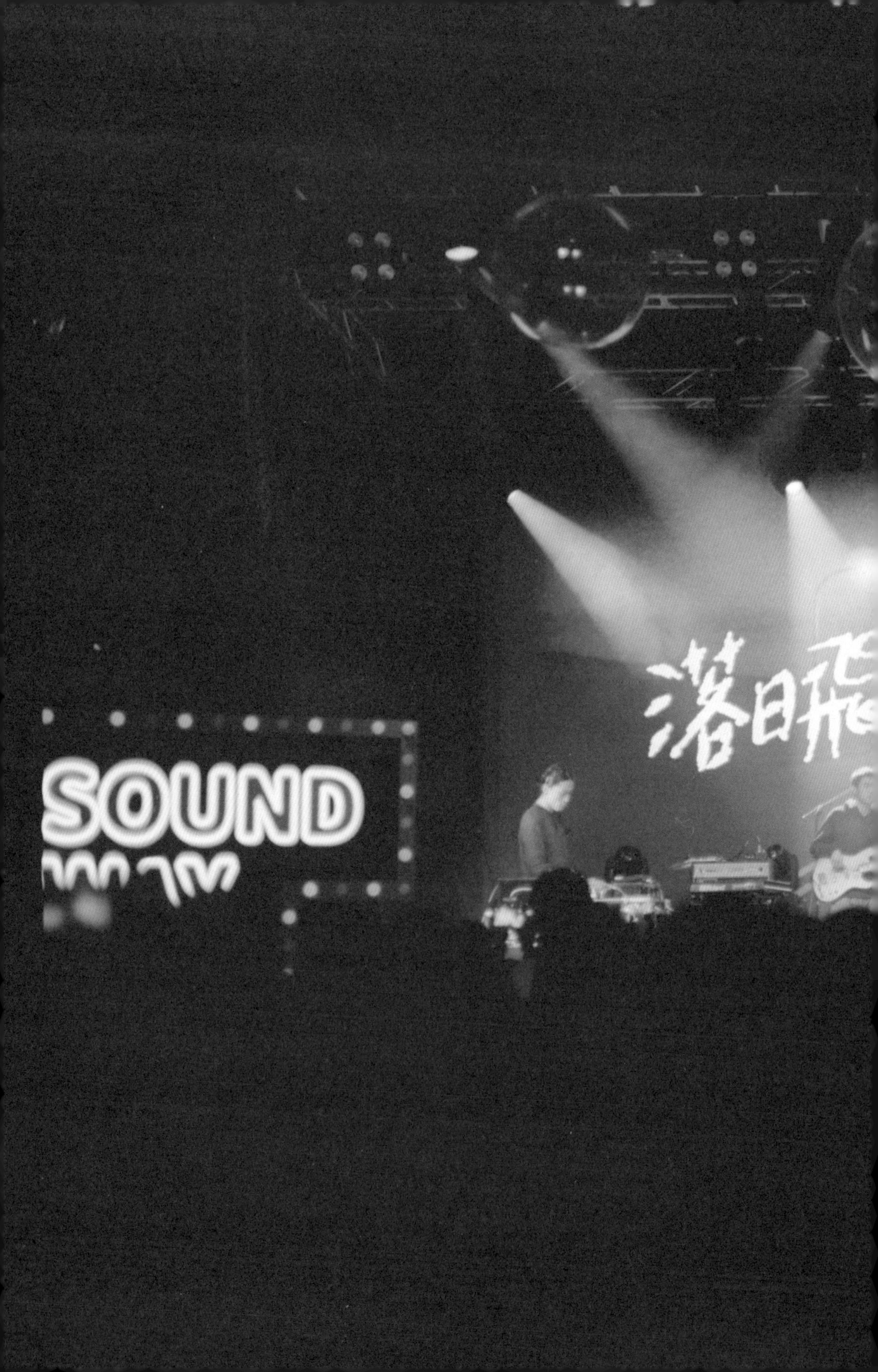
SOUND
落日飛

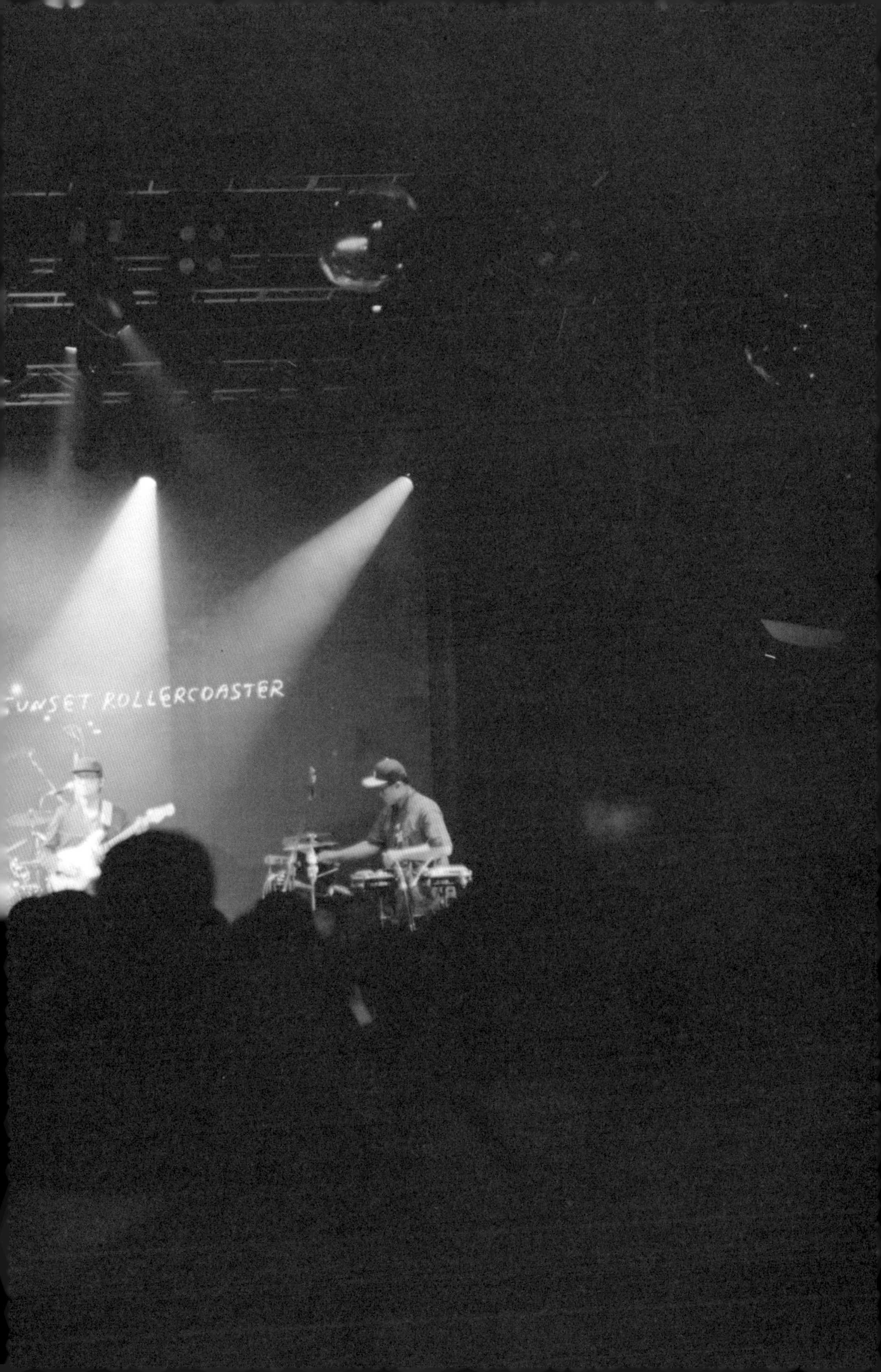
UNSET ROLLERCOASTER

A Chance of the Moment

일상에서 발견한 영감의 어떤 것

下午三點半. 路過於
巷弄之間的光.
伴著呼吸之間的氣息~.
緩緩流端著, 沈默而温柔、

오후 3시, 부드러운 빛이 골목길을 비추는 것을 보았다.
마치 내 호흡 사이에 흐르는 느리고 조용한 침묵의 흐름처럼.

Chen Yung Hua, Photographer

獨有一人, 在充滿木質香氣的空間裡.
聽著 Glenn Gould 彈奏哼唱

나무 향이 가득한 공간에서 나 홀로 글렌 굴드Glenn Gould의 피아노 연주를 들으며 콧노래Humming 부르는 것.

Monique Lee, Shimokitazawa Generation Staff

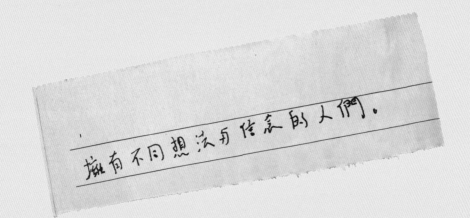

街上的植物們！

只要看看台北街頭、仰望人們
的陽台、或往下一個轉角去、
到處都是熱鬧又五花八門的
植物！台北就像是個奇妙大盆栽。

거리에 있는 식물들. 타이베이의 거리와 코너, 인파에 휩쓸려 방향을 바꿀 때조차
어디서든 흥미롭고 다양한 식물을 볼 수 있다. 타이베이는 신기하고 거대한 화분 같다.

Hori b. Goode, Illustrator

擁有不同想法與信念的人們。

서로 다른 생각과 신념을 가진 사람들.

Cheng Yun Jen, Lightbox Staff

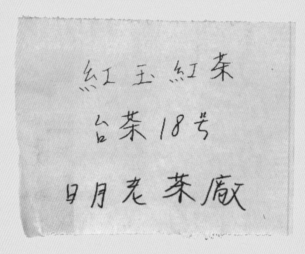

홍옥홍차, 대차18호, 명노차장Sun Moon Lake Antique Assam Tea Farm.
Tsao Liang Pin, Lightbox Staff & Photographer

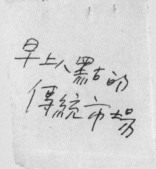

아침 8시에 전통 시장 가기.
Hsian Jung Chen, Ceramic Artist

「靈感」來自充滿台北
不規則的高低招牌，
有不整又方整身的老舊建築。
一種雜亂中有序的主宰掌有引
一種美醜共存的精神，
一種無可取代的生命力！

나의 영감은 불규칙한 외관을 가진 상점의 간판과 생동감 넘치지만 단정한 타이베이의 골목길에서 온다. 이런 질서정연한
카오스에서 생존 체계를 발견했다. 이것은 마치 아름다움과 추함, 이진법의 조합이며 대체할 수 없는 생명력이다.

9m88, Musician

Things to Remember
the City By

Ejen Letterpress Taiwan | facebook.com/letterpress.com.tw
른싱주쯔항日星鑄字行의 활자로 명함을 만들고 싶다면, 대만의 레터프레스 스튜디오 합작한 키트를
사용하면 된다. 활자를 바꿔가며 사용할 수 있으며 청핀서점 R79점에서 직접 체험 후 구입할 수 있다.

청핀서점 R79점 Eslite Underground R79 Store
No. 16, Nanjing West Road, Zhongshan District, Taipei City

Photographer **Oh Jinhyeok**

OBJ3CT '18 Calendar, O.OO | odotoo.com
대만 디자인 스튜디오인 O.OO에서 200개 한정으로 만든 달력. 리소그래프 인쇄
를 택해 경쾌함을 더했다. 굿초는 가벼운 음식과 디자인 상품을 함께 즐길 수 있는
공간으로 로컬 상품을 판매하는 심플 마켓Simple Market도 매주 일요일 열린다.

굿초 Good Cho's
No. 54, Songqin Street, Xinyi District, Taipei City

Poster, Taipei Golden Horse Film Festival | goldenhorse.org.tw
중화권 3대 영화제 중 하나인 금마영전의 기념 포스터 2종. 대만 영화의 분위기를 그대로 옮긴 포스터는 영
화를 좋아하는 사람이라면 누구나 탐을 낼 정도로 아름답다. 영화제 기간에 관련 부스에서 구매할 수 있다.

<Wu-Hai>, Prairie WWWW | prairiewwww.bandcamp.com
2010년 결성된 대만 밴드로 시각적으로, 청각적으로도 실험적이고 유니크한 음악을 한다. 선셋롤러코스
터 보컬 궈궈가 추천한 음반. 음반과 진Zine, 패션을 다루는 웨이팅 룸에서 구매했다.

웨이팅 룸 Waiting Room
No. 1, Alley 10, Lane 40, Chang'an West Road, Zhongshan District, Taipei City

Baton Pen, TOOLStoLIVEBY | toolstoliveby.com.tw
세계 여러 나라의 다양한 문구를 소개하는 툴스 투 리브바이의 오리지널 상품. 색
감과 형태가 돋보이는 펜이다. 다안구의 조용한 주택가에 위치한 숍에서 구매했다.

Taiwan Original Design Beer Glass, 你好我好

귀여운 디자인으로 만들어진 맥주잔. 소주잔보다는 크고 일반 맥주잔보다는 작은 사이즈로 두루두루
활용하기에 좋다. 일본인 주인이 대만에서 엄선한 제품을 소개하는 숍, 니하오워하오에서 구입했다.

니하오워하오 你好我好
No. 45, Liangzhou Street, Datong District, Taipei City

Fruits of the Food, Green in hand | greeninhand.com

그린 인 핸드는 쌀, 차, 꿀을 다루는 브랜드다. 사람들이 각자의 개성이 있는 것처럼 쌀도 그렇다고 믿으며 대만 각지의 쌀을 소개한다. 오프라인 숍과 홈페이지에서 지역과 생산자에 대한 정보, 요리법, 보관법을 확인할 수 있으며 소량으로 포장해 선물하기에도 좋다.

청핀서점 송언점 Eslite Spectrum Songyan Store
3F, No. 88, Yanchang Road, Xinyi District, Taipei City

ECHO of things Chinese, ECHO store | hanshenggifts.com
1980년대 전성기를 맞이했던 출판인의 향수를 느낄 수 있는 곳으로, 그 시절의 대만을
담은 잡지 또한 구매할 수 있다. 손맛이 묻어있는 수첩, 손수건 등의 소품도 판매한다.

ECHO store
No. 1, Alley. 16, Lane. 72, Section. 4, Bade Road., Sonshan District, Taipei City

A Holiday at the Hotel

Photographer
Oh Jinhyeok

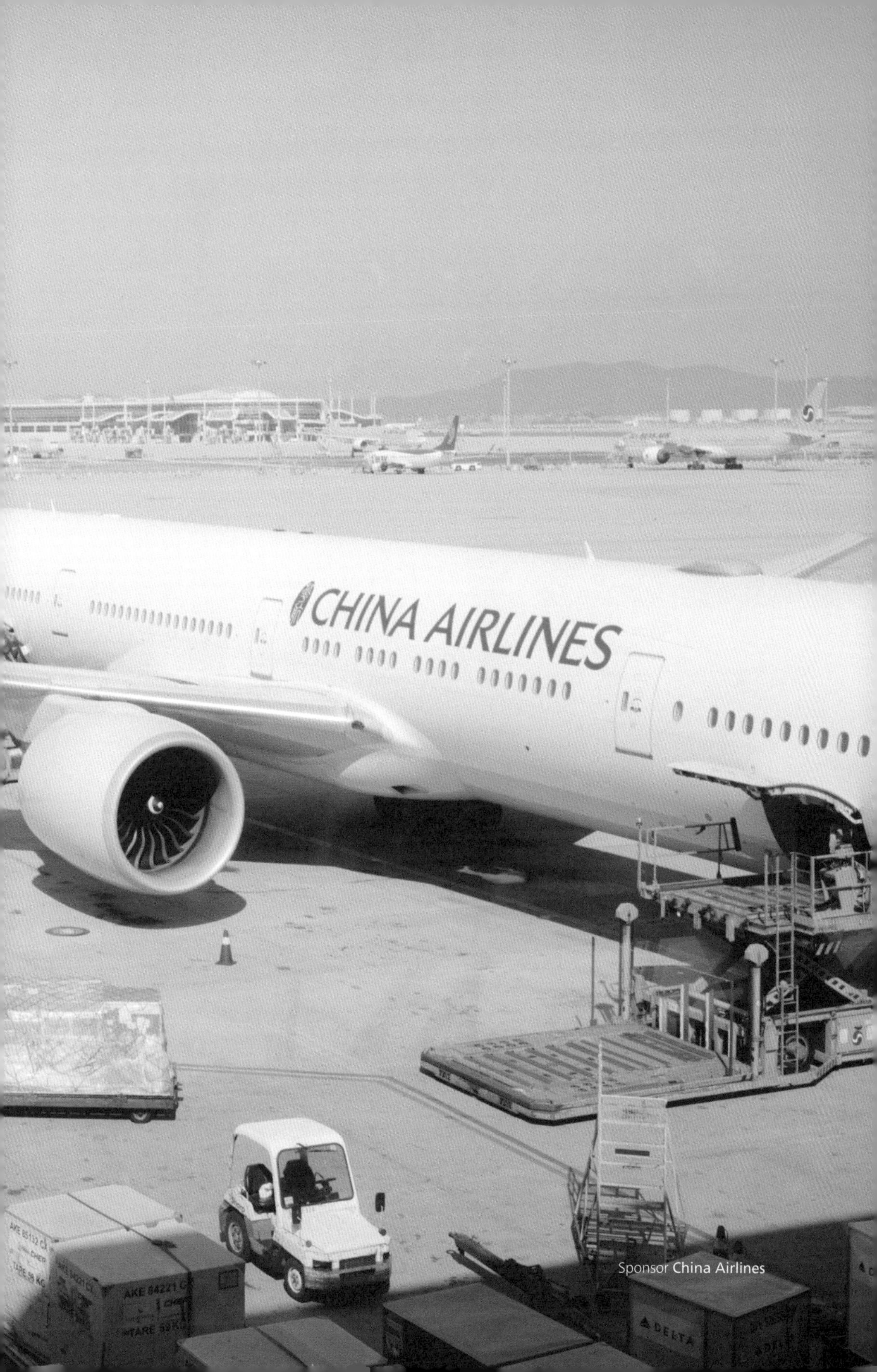

Sponsor China Airlines

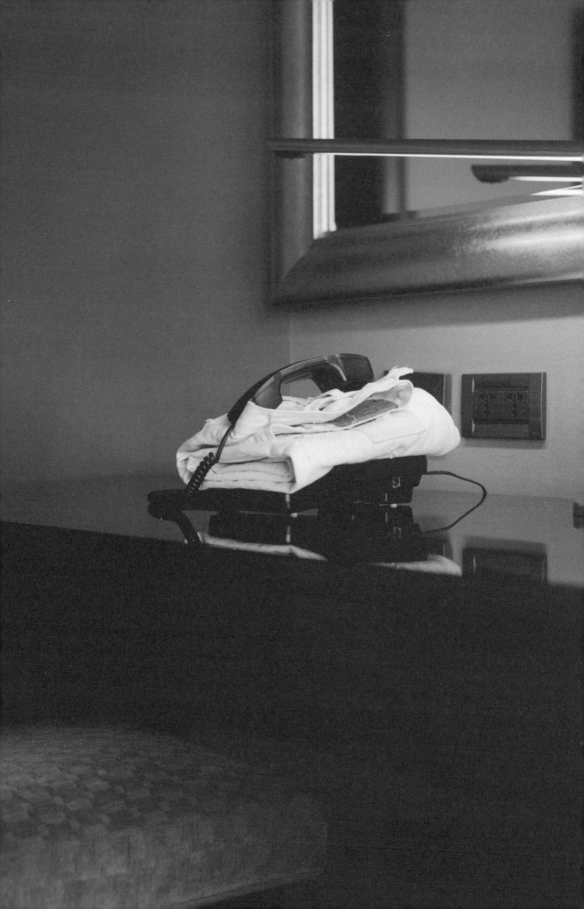

다시 또 떠날 채비를 한다. 여행지가 정해지면 나는 응당 머무를 곳, 어느 호텔에 묵을 것인
가를 고민하기 시작한다. 공항, 구도심, 레스토랑, 광장, 정류장과 버스 안…. 연속해서 마주
하는 낯선 장소들의 종착지로서 호텔은 그 어느 공간보다 여행자와 밀접하고 친밀하다. 지
나온 여정을 상기하며 짧게나마 한숨을 쉬며 긴장을 내려놓는 시간. 낯선 도시의 무방비 상
태에서 잠시나마 '유일한 사적 공간'이 되는 호텔은 그래서 사소한 결정임과 동시에 사소하
지 않은 요소가 된다. 더욱이 나에게 호텔은 언제부턴가 여행의 커다란 즐거움으로 경험되
는 까닭에 거꾸로 마음에 품은 호텔에 가보고자 여행을 감행하기도 한다. 어느 도시에선가
는 닷새를 머무는 동안 하나의 여정처럼 네 군데의 호텔을 방문한 적도 있다.

내가 어떤 호텔을 선택할 때의 기준은 지극히 사적이며 사소하다. 1930년대 잊지 못할 강
렬한 언기를 보여주었던 독일 여배우가 살았던 집, 빈티지 가구 컬렉션의 숨은 고수가 운
영한다는 작은 호텔, 몇 년 전 인터뷰이와 조식을 함께하며 인상적인 대화를 나누었던 호텔
레스토랑에서의 추억, 자살로 생을 마감한 소설가가 한때 글을 쓰며 지냈다는 도쿄의 호텔,
한때 덴마크 대사관으로 사용되었던 위용스런 건물을 개조한 베를린의 호텔에 이르기까지.
이런 그윽한 끌림의 단서들은 기억 속에 숨어 있다가 불현듯 여행의 발로를 이끌고는 한다.
그렇게 당도한 호텔에서 만끽하는 다양한 공간적 경험은 여행 중의 '낯선 장소'라는 매력적
인 명제 아래 행해지는 가장 큰 즐거움이 아닐 수 없다. 침대와 조명, 작은 테이블과 의자라
는 필수 불가결한 요소로 채워져 있는 모든 호텔의 객실은 각기 다른 디자인의 가구, 저마
다의 배치와 스타일로 서로 '다름'을 표현할 때 그 절묘함을 드러낸다. 문을 연 당시의 모든
기물을 갈고 닦으며 여전히 19세기의 숨을 머금고 있는 객실이 있는가 하면, 현대 디자인의
미덕을 충실히 따르는 미니멀한 객실 그리고 어떤 콘셉트를 따르지는 않지만 편안하고 정
감 어린 감정을 안겨주는 호텔의 방도 이따금 만난다. 묵었던 모든 호텔을 실측하고 축소된

그림으로 그려 낸 일본 건축가 우라 가즈야는 저서 《여행의 공간》에서 이런 말을 남긴다. "손님이 자기 집에 돌아온 듯한 기분이 들게 한다면 성공이라는 사람도 있겠지만 나는 그렇게 생각하지 않는다. 지혜를 짜내 안도감 비슷한 것을 만들어내지만 사실 호텔이 좋은 것은 주거에 없는 가벼운 놀라움이나 즐거움이 있어서이다. '한 번 더 방문하고 싶구나'라고 여겨지는 편이 좋지 않을까?" 너저분함을 동반한 내 집의 편안함, 안락함을 고려한 것 같으면서도 긴장된 감정을 느끼게 하는 호텔 방 사이의 의뭉스러운 차이를 곱씹는 사이 그의 문장이 명쾌하게 다가온다.

여러 도시에서의 쇠하여가는 추억 한 가운데 그나마 빳빳하게 선 기억은 어떤 호텔 방들에서의 순간이다. 벽지와 커튼, 빼어난 곡선을 그리던 모든 가구와 삐그덕거리던 바닥까지 온통 19세기의 것들로 채워져 되려 그 생경함에 잠 못 이루게 했던 베를린의 호텔 펜션 펑크. 쾰른시의 옛 문서보관서였던 네오 고딕의 낭만적인 건물을 개조해 객실 마다 미스 반 데어 로에, 찰스 레이 임즈, 아르네 야콥센 같은 20세기 모던 디자인의 정수들로 채워 놓았던 크베스트 호텔, 오래된 나무 천장, 빛바랜 분홍색 타일의 목욕탕 같은 우리의 오래된 모든 오리진들을 발견할 수 있었던 도쿄대 근처의 백 년 넘은 호메이칸. 내 삶의 모든 세월보다 오래 살아남았던 것들과의 하룻밤 잠결의 조우는 기억과 호흡에 깊이 각인된다.

한 겨울의 난 다시 타국의 도시로 떠날 참이다. 이번엔 한 정치가가 언덕에 공들여 만든 드넓은 정원을 끌어안은 호텔로 간다. '동백나무 별장'이라는 뜻의 호텔에서라면 겨울 햇빛이 곱게 정원을 스치는 오후를 바라볼 수 있을까? 푸른색 카펫에 붉은색 장미 무늬를 직조한 두툼한 커튼, 골드 빛의 가느다란 바디의 플로어 스탠드가 놓인 클래식하고 탐미적인 방의 넓은 창으로 말이다. 여행지에서, 대개의 기대는 늘 그 이상의 무언가로 화답하곤 했다.

Words Park Sunyeong(Columnist)

Index

Publisher
송원준

Editor in Chief
김이경

Editor
이현아, 김혜원

Photographer
오진혁

Interpreter
왕지정, 도상화

Translator
권준영(중국어), 김나연(영어)

Copy Editor
황정연

Designer
윤원정

Cover
오진혁

Marketing, Advertisment
조수진

Sponsor
중화항공, 타이완관광청

Publishing
(주)어라운드
도서등록번호 마포, 바00152
창간 2017년 6월 12일
ISSN 2586-0131

AROUND Inc. COMPANY
서울시 마포구 동교로51길 27
27, Donggyoro 51-gil, Mapo-gu, Seoul, Korea
a-round.kr
광고문의 ad@a-round.kr | 070 8650 6378
구독문의 magazine@a-round.kr | 070 8650 6375
기타문의 around@a-round.kr | 02 6404 5030

dormagazine.com